AF525199

Das Fettleber Kochbuch

100 leckere & gesunde Rezepte zum Frühstück, Mittagessen und Abendessen

Inklusive Snacks und Wochenplaner mit Einkaufsliste

1. Auflage

Der gesunde Lebensstil

Fast jeder Dritte leidet in Deutschland an einer Fettleber, vor allem Alkoholmissbrauch oder Übergewicht fördern diese Volkskrankheit. Wird dem nicht entgegengewirkt, können Folgekrankheiten wie Entzündungen, Leberzirrhose oder sogar Krebs entstehen. Begleitet wird die Krankheit durch Symptome wie Energielosigkeit, Druckschmerz im Bauchbereich oder Gelbfärbung der Haut.

Die Leber ist aber das einzige Organ im menschlichen Körper, welches sich vollständig regenerieren kann, und Sie können ihr durch eine gesunde Ernährung und Sport dabei helfen. Verzichten Sie auf fettige Speisen, treiben Sie Sport und bringen Sie Ihre Leber wieder auf Trab. Wichtig ist, dass Sie Ihrem Körper dabei helfen, das überschüssige Fett wieder abzubauen. Das funktioniert natürlich am besten mit einer Kombination aus gesundem Essen und Bewegung. Nehmen Sie die Treppe statt des Fahrstuhls, lassen Sie das Auto einfach einmal stehen und radeln Sie zum Einkaufen oder gehen Sie eine extra große Runde mit Ihrem Hund. Jeder Schritt bringt Sie Ihrem Ziel näher.

Natürlich ist eine Umstellung des Lebensstils keine einfache Aufgabe, doch der Lohn dafür ist eine gesunde Leber und ein besseres Lebensgefühl. Fangen Sie an, Ihre Essgewohnheiten zu ändern, indem Sie sich die vielen Rezepte in diesem Buch zu Nutze machen. Genießen Sie kalorien- und fettarme Gerichte, die trotzdem abwechslungsreich und lecker sind.

Der erste Schritt ist der schwierigste und diesen sind Sie bereits gegangen.

Rezeptübersicht

MEIN WOCHENPLANER

WOCHE:

	FRÜHSTÜCK	MITTAGESSEN	ABENDESSEN	SNACKS
MO				
DI				
MI				
DO				
FR				
SA				
SO				

EINKAUFSLISTE

Frühstück – gesund in den Tag starten

Avocado-Chia-Quark

Zubereitungszeit: 20 Minuten

Schwierigkeitsgrad: leicht

Zutatenliste für 2 Portionen:
2 gehäufte EL Chia-Samen, etwas Milch, ½ Avocado, 1 Spritzer Zitronensaft, 1EL Leinsamen, 3 EL Quark, 1 Handvoll Beeren

Zubereitung:
1. Chia-Samen für mindestens 15 Minuten in Milch einweichen.

2. Fruchtfleisch der Avocado auslöffeln, mit Zitronensaft beträufeln und zerdrücken.

3. Chia-Samen, Leinsamen, Quark, Beeren und Avocadomus in einem Glas schichten.

Nährwertangaben:
346 kcal, 25 g Fett, 12 g Kohlenhydrate, 17 g Eiweiß, 14 g Ballaststoffe

Beeren-Müsli

Zubereitungszeit: 5 Minuten

Schwierigkeitsgrad: leicht

Zutatenliste für 1 Portion:
100 g Beerenobst, 3 EL Haferflocken, 150 ml Mandel- oder Hafermilch, nach Belieben 1 EL Nüsse, Kokosflocken oder Leinsamen

Zubereitung:
1. Die Haferflocken zusammen mit dem Beerenobst in eine Schale geben.

2. Mandel- oder Hafermilch darüber gießen.

3. Nach Geschmack mit Nüssen, Kokosflocken oder Leinsamen verfeinern.

Nährwertangaben
254 kcal, 13 g Fett, 25 g Kohlenhydrate, 10 g Eiweiß, 8 g Ballaststoffe

Belegtes Brot mit Avocado

Zubereitungszeit: 5 Minuten

Schwierigkeitsgrad: leicht

Zutatenliste für 1 Portion:
½ Avocado, Zitronensaft, 1 Scheibe Roggen-, Vollkorn- oder Dinkelbrot, 200 g Gemüse, Salz, Pfeffer

Zubereitung:
1. Schälen Sie die Avocado und entfernen Sie den Kern.

2. Nach Belieben das Fruchtfleisch als dünne Streifen oder als Mus mit Zitrone auf die Brotscheibe geben.

3. Nach Belieben und Geschmack mit Salz und Pfeffer bestreuen.

4. Das Gemüse kleinegeschnitten als Beilage genießen.

Nährwertangaben
304 kcal, 10 g Eiweiß, 15 g Fett, 32 g Kohlenhydrate, 14 g Ballaststoffe

Blaubeer-Hüttenkäse mit Minze

Zubereitungszeit: 5 Minuten

Schwierigkeitsgrad: leicht

Zutatenliste für 1 Portion:
300 g Blaubeeren, 300 g Hüttenkäse, 6 Blätter frische Minze, 1 EL Zitronensaft

Zubereitung:
1. Beeren vorsichtig waschen. Die Minze fein hacken.

2. Hüttenkäse mit Zitronensaft verrühren und die Hälfte der Beeren unterheben.

3. Den Hüttenkäse mit den restlichen Beeren und der Minze bestreuen.

Nährwertangaben
213 kcal, 19 g Eiweiß, 7 g Fett, 14 g Kohlenhydrate, 7 g Ballaststoffe

Chia-Hafer-Brei mit Früchten

Zubereitungszeit: 5 Minuten

Schwierigkeitsgrad: leicht

Zutatenliste für 2 Portionen:
2 EL kernige Haferflocken, 1 EL Chiasamen, 200 ml Milch, ½ TL Zimt, 300 g Magerquark, 1 Apfel, 1 Nektarine, 50 g Heidelbeeren, 2EL Haselnusskerne

Zubereitung:
1. Haferflocken und Chiasamen mit Milch und Zimt in einer Schüssel verrühren und den Quark darüber geben (nicht verrühren). Über Nacht im Kühlschrank aufbewahren.

2. Am nächsten Tag die Mischung umrühren und auf zwei Portionen aufteilen. Apfel und Nektarine in kleine Stückchen schneiden und gemeinsam mit den Heidelbeeren und den Nüssen auf dem Brei verteilen.

Nährwertangaben
400 kcal, 26 g Eiweiß, 14 g Fett, 36 g Kohlenhydrate, 8 g Ballaststoffe

Quark-Dinkel-Brötchen mit Apfel

Zubereitungszeit: 35 Minuten

Schwierigkeitsgrad: anspruchsvoll

Zutatenliste für 8 Portionen:
250 g Magerquark, 1 Ei, 2 EL Walnussöl, Salz, 250 g Vollkorndinkelmehl, 50 g Haferkleie, 1 Pck. Weinsteinbackpulver, ½ TL Zimt, ½ Apfel, Dinkelmehl

Zubereitung:
1. Heizen Sie den Backofen auf 200 Grad vor und belegen Sie ein Backblech mit Backpapier. Das Ei mit Quark und Öl sowie einer Prise Salz mit dem Schneebesen glattrühren.

2. Mehl mit Haferkleie, Backpulver und Zimt vermengen. Den Apfel mit einer Reibe grob raspeln und unter die Mehlmischung geben. Diese Mischung mit der Quarkmasse verkneten.

3. Den Teig rollen und daraus 8 Stücke schneiden. Kleine Kugeln aus den Stücken formen und mit dem Messer jeweils ein Kreuz auf die Oberseite einritzen. Im Backofen im unteren Teil für etwa 20 min backen.

Nährwertangaben
210 kcal, 10 g Eiweiß, 5 g Fett, 28 g Kohlehydrate, 4 g Ballaststoffe

Dinkel-Knusper-Müsli

Zubereitungszeit: 10 Minuten

Schwierigkeitsgrad: leicht

Zutatenliste für 2 Portionen:
2EL Mandeln, 2 EL Kokosraspeln, 1 EL Sonnenblumenkerne, 2 TL natives Kokosöl, 2 EL Dinkelvollkornflocken, 250 g Beeren, 300 g Naturjoghurt, 2 TL Limettensaft, ¼ TL gemahlene Vanille

Zubereitung:
1. Mandeln hacken und mit den Kokosraspeln und den Sonnenblumenkernen mischen. Den Mix in einer Pfanne mit Kokosöl goldbraun rösten. Dann nach Belieben etwas Honig und die Dinkelflocken unterrühren und abkühlen lassen.

2. Joghurt mit Limettensaft und Vanille verrühren und auf zwei Portionen aufteilen.

3. Das Müsli und die Beeren auf dem Joghurt verteilen und genießen.

Nährwertangaben
497 kcal, 34 g Fett, 33 g Kohlenhydrate, 14 g Eiweiß, 7 g Ballaststoffe

Fruchtiger Frühstücksquark

Zubereitungszeit: 5 Minuten

Schwierigkeitsgrad: leicht

Zutatenliste für 1 Portion:
3 EL Frischmilch, 3 EL Magerquark, 1 EL Leinöl, 1 EL Weizenkeimöl, 1 TL Honig, Zitronensaft, frisches Obst nach Belieben, Nüsse

Zubereitung:
1. Alle Zutaten in einem Mixer pürieren.

2. Je nach Geschmack mit Nüssen, Mandeln oder gerösteten Nüssen bestreuen.

Nährwertangaben
407 kcal, 16 g Eiweiß, 24 g Fett, 31 g Kohlenhydrate, 3 g Ballaststoffe

Hüttenzauber-Frühstück

Zubereitungszeit: 5 Minuten

Schwierigkeitsgrad: leicht

Zutatenliste für 1 Portionen:
50 g Cocktailtomaten, 1 Gurke, ½ Avocado, 200 g Hüttenkäse, Kräutersalz, italienische Kräuter

Zubereitung:
1. Tomaten klein würfeln, Gurke ebenfalls in kleine Stücke schneiden.

2. Das Fruchtfleisch der Avocado in Würfel schneiden. Das Gemüse mit Hüttenkäse und Gewürzen vermischen und etwa 30 Min. ziehen lassen.

3. Als Frühstück oder als Brotaufstrich (für etwa 4 Portionen) genießen.

Nährwertangaben
370 kcal, 23 g Fett, 13 g Kohlenhydrate, 27 g Eiweiß, 6 g Ballaststoffe

Himbeer-Kokos-Porridge

Zubereitungszeit: 5 Minuten

Schwierigkeitsgrad: einfach

Zutatenliste für 2 Portionen:
150 g Himbeeren, 150 g Johannisbeeren, 1 EL Reissirup, 350 ml Milch, 6 EL Haferflocken, 50 g Kokosraspel, Salz, Zucker

Zubereitung:
1. Himbeeren und Johannisbeeren in einer Schüssel mit etwas Zucker verrühren und ziehen lassen.

2. Milch mit Haferflocken und Kokosraspeln zusammen mit Salz im Topf kochen.

3. In Gläsern abwechselnd Porridge und Beeren schichten.

Nährwertangaben
430 kcal, 14 g Eiweiß, 22 g Fett, 38 g Kohlenhydrate, 13 g Ballaststoffe

Eiweißbrot

Zubereitungszeit: 70 Minuten

Schwierigkeitsgrad: anspruchsvoll

Zutatenliste für 1 Portion (ca. 20 Scheiben):
40 g Kürbiskerne (gehackt), 40 g ganze Sonnenblumenkerne, 20 g Sesam, 2 TL Weinsteinbackpulver, 100 g Kichererbsenmehl, 125 g Dinkelvollkornmehl, 100 g gemahlene Mandeln, 50 g geschrotete Leinsamen, 50 g Haferkleie, 250 g Magerquark, 2 TL Meersalz, 2 Eier

Zubereitung:
1. Kürbis-, Sonnenblumenkerne und Sesam mischen und mit Kichererbsenmehl, Mandeln, Leinsamen, Dinkelmehl, Haferkleie, Backpulver und Salz vermengen. Eier und Quark verrühren und den Mehlmix mit ¼ L Wasser darin verkneten.

2. In eine mit Backpapier ausgelegte Brotform einfüllen und zugedeckt etwa 30 Minuten lang ruhen lassen.

3. Im Backofen eine Schale mit Wasser aufstellen und diesen auf 200 Grad heizen. Brot für 10 Minuten vorbacken lassen, dann etwa 20 Grad herunter stellen. Bei dieser Temperatur weitere 45 Minuten backen. Danach das Brot kurz abkühlen lassen und zum vollständigen Auskühlen auf ein Brett stürzen.

Nährwertangaben (pro Scheibe)
140 kcal, 8 g Eiweiß, 7 g Fett, 8 g Kohlenhydrate, 4 g Ballaststoffe

Mittagessen – Leckeres für den Tag

Auberginen-Mozzarella-Auflauf

Zubereitungszeit: 35 Minuten

Schwierigkeitsgrad: mittel

Zutatenliste für 4 Portionen:
750 g Auberginen, 1 Zwiebel, 1 Knoblauchzehe, etwas Olivenöl, 1 kleine Dose Tomaten (geschält), 200 g Mozzarella in Scheiben, 20 g Parmesan, Salz, Pfeffer, Oregano (getrocknet), Basilikum (frisch)

Zubereitung:
1. Backofen auf 220 Grad vorheizen, am besten eignet sich Umluft.

2. Die Auberginen waschen, trocknen, putzen und in Streifen schneiden. Die Auberginenstreifen auf dem Backblech für 5 Minuten im Backofen farbig backen.

3. Zwiebeln und Knoblauch klein schneiden und in der Pfanne anbraten. Tomaten unterrühren und mit Salz, Pfeffer, Oregano und Basilikum würzen. Das Ganze bei schwacher Hitze einige Minuten einkochen.

4. Den Mozzarella aus der Packung nehmen und in Scheiben schneiden. Eine Auflaufform ölen und etwas Tomatensoße hineingeben.

5. Auberginen in die Auflaufform verteilt auslegen und mit Tomatensoße bedecken. Mozzarella und 2 EL Parmesan darüber geben. So lange weiterführen, bis alle Zutaten verbraucht sind und die oberste Schicht Mozzarella und Parmesan bilden. 20 Minuten backen.

Nährwertangaben
290 kcal, 16 g Eiweiß, 20 g Fett, 8 g Kohlenhydrate, 4 g Ballaststoffe

Avocado-Dinkel-Pizza

Zubereitungszeit: 35 Minuten

Schwierigkeitsgrad: anspruchsvoll

Zutatenliste für 6 Portionen (ein Blech):

Für den Teig

250 g Quark, 400 g Dinkelmehl, 6-7 EL Olivenöl, 1 Prise Salz, 1 Päckchen Backpulver, 2-3 Eier (je nach Größe)

Für die Soße

2 Avocados, 2 EL Olivenöl, 1 EL Wasser, 1 Spritzer Zitronensaft, nach Belieben 1-2 Zehen Knoblauch, Oregano

Für den Belag

300 g Tomaten, 1 Zwiebel, 100 g Champignons, 1 kleine Zucchini, 100 g Kochschinken, nach Belieben Käse

Zubereitung:

1. Quark, Mehl, Olivenöl, Salz, Backpulver und Eier zu einem Teig verrühren und ca. ¼ Stunde ruhen lassen.

2. Den Backofen auf 200 Grad vorheizen. Teig auf einer mit Mehl bestreuten Fläche ausrollen und dann auf ein Blech legen. Die Avocado halbieren und das Fruchtfleisch mit allen Zutaten für die Soße in einer Schüssel verrühren. Die Avocadosoße auf dem Teig verteilen.

3. Gemüse und Kochschinken in Streifen schneiden. Alle Zutaten nach Belieben auf der Pizza verteilen und anschließend mit Käse überstreuen. Nach etwa 10-15 Minuten im Backofen ist die Pizza fertig.

Nährwertangaben

556 kcal, 24 g Eiweiß, 27 g Fett, 53 g Kohlenhydrate, 7 g Ballaststoffe

Blumenkohl-Brokkoli-Curry

Zubereitungszeit: 30 Minuten

Schwierigkeitsgrad: mittel

Zutatenliste für 1 Portion:
100 g Hähnchenbrustfilet, 100 g Blumenkohl, 100 g Brokkoli, Rapsöl, Currypulver, 100 ml Gemüsebrühe, 100 ml Kokosmilch

Zubereitung:
1. Das Fleisch waschen und anschließend würfeln.

2. Blumenkohl und Brokkoli putzen und in kleine Röschen schneiden.

3. Das Hähnchenfleisch für kurze Zeit in einer Pfanne mit Öl anbraten, Gemüse hinzugeben und mitdünsten.

4. Das Currypulver, die Gemüsebrühe und die Kokosmilch hinzugeben. Alles für 10 Minuten köcheln und nach Geschmack mit Salz nachwürzen.

Nährwertangaben
463 kcal, 34 g Fett, 10 g Kohlenhydrate, 30 g Eiweiß, 8 g Ballaststoffe

Blumenkohl-Curry mit Tofu

Zubereitungszeit: 45 Minuten

Schwierigkeitsgrad: anspruchsvoll

Zutatenliste für 4 Portionen:
750 g Blumenkohl, 400 g Tofu, 1 Zwiebel, 2 Knoblauchzehen, 250 g Zuckerschoten, 2 kleine Chilischoten, 2 EL Rapsöl, Salz, 500 ml Gemüsebrühe, 2-3 EL Zitronensaft, 1 EL Kokosflocken, 2 EL Curry, 1 TL Kurkuma

Zubereitung:
1. Den Blumenkohl waschen, in Röschen schneiden und den Stiel nicht wegwerfen, sondern Würfel daraus schneiden. Zwiebel und Knoblauch sehr fein hacken. Die Chilischoten ohne Kerne ebenfalls klein hacken.

2. In einem Topf mit heißem Öl Zwiebel, Knoblauch, Chili, Salz, Curry und Kurkuma einige Minuten anbraten. Mit Brühe ablöschen und aufkochen lassen. Den Blumenkohl unterrühren und zugedeckt 25 Minuten garen.

3. Die Zuckerschoten von Fäden befreien und den Tofu in lange Streifen schneiden. Beides zum Ende der Garzeit in den Topf geben. Zitrone zum Verfeinern hinzufügen und mit Kokosflocken servieren.

Nährwertangaben
360 kcal, 26 g Eiweiß, 17 g Fett, 20 g Kohlenhydrate, 12 g Ballaststoffe

Blumenkohl-Fenchel-Suppe mit Kürbiskernen

Zubereitungszeit: 45 Minuten

Schwierigkeitsgrad: anspruchsvoll

Zutatenliste für 2 Portionen:

300 g Blumenkohl, 1 große Kartoffel, 2 EL Olivenöl, 400 ml Milch, 205 ml Gemüsebrühe, Salz, Pfeffer, 1 geriebene Muskatnuss, 4 TL Kürbiskerne, 150 g Fenchel

Zubereitung:

1. Den Blumenkohl und die Kartoffel in Röschen und Würfel schneiden.

2. Öl in einem Topf erhitzen und Kartoffel und Blumenkohl für etwa 3-4 Minuten andünsten. Milch und Brühe hineingeben und mit Salz, Pfeffer und Muskat würzen.

3. Die Suppe für weitere 20 Minuten kochen lassen.

4. Kürbiskerne grob hacken und in einer Pfanne rösten, ohne Öl dazuzugeben. Herausnehmen und kurz abkühlen lassen.

5. Fenchel längs vierteln und einige Blätter zum Garnieren beiseitelegen. Den in Streifen geschnittenen Fenchel in einer Pfanne anbraten und dann warmhalten.

6. Die Suppe fein pürieren, mit Gewürzen abschmecken und auf die Teller verteilen. Darauf die warmen Fenchelstreifen legen und mit Kürbiskernen und Fenchelblättern garnieren.

Nährwertangaben
350 kcal, 15 g Eiweiß, 18 g Fett, 28 g Kohlenhydrate, 8 g Ballaststoffe

Gemüsesuppe

Zubereitungszeit: 20 Minuten

Schwierigkeitsgrad: mittel

Zutatenliste für 4 Portionen:
1 Möhre, 1 kl. Kohlrabi, 50 g Knollensellerie, 1 Zwiebel, ½ Weißkohl, 1 Stange Lauch, 2 Zehen Knoblauch, 500 ml Gemüsebrühe, 5 Wacholderbeeren, 1 Lorbeerblatt, 2 EL Öl, Pfeffer, Muskat, 2 EL TK-Erbsen

Zubereitung:
1. Möhren, Lauch, Kohlrabi und Sellerie klein schneiden. Den Weißkohl in Streifen schneiden und die Zwiebel und die Knoblauchzehen fein hacken.

2. Öl in einem Topf erhitzen und Zwiebel und Knoblauch darin anbraten, dann das Gemüse (außer die Erbsen) zugeben und etwa 3 Min. andünsten.

3. Nun die Gemüsebrühe zugeben, alles mit den Wacholderbeeren und dem Lorbeerblatt aufkochen und 5 Minuten garen. Benutzen Sie für die Wacholderbeeren und das Lorbeerblatt am besten ein Tee-Ei.

4. Nehmen Sie die Suppe vom Herd, geben Sie die Erbsen hinzu und lassen Sie alles für etwa 2 Minuten ziehen. Alles mit Salz, Pfeffer und Muskat abschmecken und nach Belieben würzen.

Nährwertangaben
150 kcal, 6 g Eiweiß, 4 g Fett, 16 g Kohlenhydrate, 12 g Ballaststoffe

Champignon-Lauch-Suppe

Zubereitungszeit: 20 Minuten

Schwierigkeitsgrad: leicht

Zutatenliste für 4 Portionen:
2 kl. Stangen Lauch, 1 EL Öl, 800 ml Geflügelbrühe, 300 g Champignons, 200 ml Kondensmilch, Petersilie, Salz, Pfeffer

Zubereitung:
1. Lauch längs entlang teilen und feine Streifen daraus schneiden. Bei schwacher Hitze in Öl anbraten und mit Brühe ablöschen.

2. Auch die Champignons in Scheiben schneiden. Zusammen mit Lauch noch etwa 10 Minuten ziehen lassen.

3. Kondensmilch zugeben und pürieren. Dann mit gehackter Petersilie, Salz und Pfeffer nach Bedarf und Geschmack würzen.

Nährwertangaben
113 Kcal, 8 g Eiweiß, 5 g Fett, 8 g Kohlenhydrate

Hähnchen-Couscous

Zubereitungszeit: 25 Minuten

Schwierigkeitsgrad: mittel

Zutatenliste für 4 Portionen:
4 Hähnchenfilets, 4 Zwiebeln, 4 Möhren, 2 Knoblauchzehen, 200 g Knollensellerie, 2 EL Öl, 100 g Couscous, 600 ml Gemüsebrühe, Salz, Pfeffer, Kümmel, Petersilie, Koriander

Zubereitung:
1. Hähnchenfilets in Würfel schneiden sowie Knoblauch und Zwiebeln zerkleinern. Möhren und Sellerie ebenfalls würfeln.

2. Fleisch in heißem Öl in einer Pfanne anbraten. Gemüse unterrühren und etwa 5 Minuten garen. Mit Brühe ablöschen und den Couscous hineingeben.

3. Das Ganze etwa 10 Minuten kochen lassen und anschließend mit Salz, Pfeffer und Gewürzen abschmecken. Zum Schluss die fein gehackte Petersilie darüber streuen.

Nährwertangaben
380 kcal, 36 g Eiweiß, 11 g Fett, 29 g Kohlenhydrate, 8 g Ballaststoffe

Frühling-Fisch-Pfanne

Zubereitungszeit: 30 Minuten

Schwierigkeitsgrad: anspruchsvoll

Zutatenliste für 1 Portionen:
½ Zwiebel, ½ Stange Lauch, 1 Möhre, ½ Kohlrabi, 100 g Zuckerschoten, 1 EL Öl, Salz, Pfeffer, 150 ml Gemüsebrühe, 2 Fischfilets á 80 g, 1 EL Zitronensaft, 2 EL Saure Sahne, 50 g Magerquark, 50 g Naturjoghurt (0%), Dill, Cayenne-Pfeffer

Zubereitung:
1. Lauch und Zwiebel in Ringe sowie Möhre und Kohlrabi in feine Streifen schneiden. Alles in heißem Öl in einer Pfanne anbraten und mit Salz und Pfeffer würzen. Dann die Brühe dazu gießen.

2. Die Fischfilets mit dem Zitronensaft überziehen und Salz und Pfeffer zum Würzen darüber geben. Auf das Gemüse gelegt und zugedeckt etwa 10-15 Minuten dünsten. Die Zuckerschoten erst ganz zum Schluss zugeben und kurz mit garen.

3. Magerquark, Sahne und Joghurt verrühren und den feingehackten Dill unterheben. Die Mischung mit Salz, Pfeffer, Zitronensaft und Cayenne-Pfeffer würzen. Zusammen mit dem Fisch und dem Gemüse genießen.

Nährwertangaben
479 kcal, 44,3 g Eiweiß, 23,6 g Fett, 20,5 g Kohlenhydrate, 7,3 g Ballaststoffe

Erbsensuppe mit Minze und Avocado

Zubereitungszeit: 20 Minuten

Schwierigkeitsgrad: anspruchsvoll

Zutatenliste für 2 Portionen:
1 Zwiebel, 1 Knoblauchzehe, Öl, weißer Pfeffer, 225 g Erbsen, 500 ml glutenfreie Gemüsebrühe, Minze, 1 Limette, ½ Avocado, Meersalz

Zubereitung:
1. Zwiebeln und Knoblauch fein hacken und vorsichtig in heißem Öl anschwitzen. ¾ der Erbsen hinzugeben und mit der Brühe vorsichtig ablöschen. Etwas Pfeffer zum Würzen dazugeben und abgedeckt etwa 5-10 min köcheln lassen.

2. Die Minze fein hacken und von der Limettenschale etwas abrasplen und den Saft auspressen. Das Fruchtfleisch der Avocado klein würfeln und mit etwas Minze, dem Limettensaft und etwas Salz vermengen. Die restlichen Erbsen in etwas kochendem Wasser kurz blanchieren und sofort abgießen.

3. Die restliche Minze und die Limettenschale zur Suppe geben und alles gut pürieren. Die Avocadowürfel auf einen Suppenteller geben, die Suppe darum verteilen und die blanchierten Erbsen darüber geben.

Nährwertangaben
298 kcal, 17 g Fett, 24 g Kohlenhydrate, 11 g Eiweiß, 11 g Ballaststoffe

Ingwer-Avocado-Pilze

Zubereitungszeit: 20 Minuten

Schwierigkeitsgrad: mittel

Zutatenliste für 1 Portion:
1 Zwiebel, 2-3 Tomaten, 125 g Champignons, 1 EL Olivenöl, 1 Avocado, 2 EL körniger Frischkäse, 1 EL Olivenöl, Salz, Pfeffer, 1 Stück Ingwer, Oregano, Thymian

Zubereitung:
1. Zwiebel und Ingwer fein hacken, Tomaten würfeln und Pilze in Scheiben schneiden.

2. In einer Pfanne das Öl erwärmen, Zwiebeln anbraten und Ingwer, Tomaten und Pilze zugeben. Mit Salz und Pfeffer würzen. Avocado in Hälften teilen und die geschälten Hälften kurz in der Pfanne erwärmen, dann herausnehmen und auf einen Teller legen.

3. Die Avocadohälften mit körnigem Frischkäse füllen und das gebratene Gemüse darüber geben. Nach Geschmack mit Kräutern bestreuen und warm verzehren.

Nährwertangaben
479 kcal, 41 g Fett, 15 g Kohlenhydrate, 14 g Eiweiß, 13 g Ballaststoffe

Lachsfilet mit Frühlingsgemüse

Zubereitungszeit: 40 Minuten

Schwierigkeitsgrad: anspruchsvoll

Zutatenliste für 2 Portionen:
2 Lachsfilets á 150 g, 1 Zitrone, 200 g Spargel, 200 g Zuckerschoten, 1 kleine Kohlrabi, Salz, Dill, Pfeffer, 4 EL Olivenöl

Zubereitung:
1. Eine halbe Zitrone auspressen und auf den Lachs geben sowie mit Salz und Pfeffer würzen. Die andere Zitronenhälfte in Scheiben schneiden. Spargel und Kohlrabi kleinwürfeln.

2. Das Gemüse in einen Dämpfeinsatz geben und darauf den Lachs setzen. Den Einsatz in einem Topf mit Wasser einhängen und alles etwa 20-25 Minuten dämpfen.

3. Den Lachs abheben und das Gemüse mit Zitronensaft, Salz, Pfeffer und Dill abschmecken. Gemüse und Lachs auf einem Teller anrichten und etwas Olivenöl darüber geben. Mit den Zitronenscheiben garnieren und verzehren.

Nährwertangaben
503 kcal, 37 g Fett, 8 g Kohlenhydrate, 34 g Eiweiß, 4 g Ballaststoffe

Puten-Curry mit Gemüse

Zubereitungszeit: 25 Minuten

Schwierigkeitsgrad: mittel

Zutatenliste für 4 Portionen:
2 Paprika, 1 Zucchini, 4 Möhren, 1 Bund Lauchzwiebeln, 1 Knoblauchzehe, ¼ Chilischote, 30 g Ingwer, 1 Bund Petersilie, 500 g Putenbrust, 2 TL Kokosfett, 4 TL Curry, 250 ml Hafersahne, 1 EL Wasser, Salz, Pfeffer

Zubereitung:
1. Paprika, Zucchini, Möhren und Lauchzwiebeln würfeln oder in Scheiben schneiden. Chili und Knoblauch fein hacken und den Ingwer fein raspeln. Die Putenbrust in Streifen schneiden.

2. Kokosfett in einer Pfanne erwärmen und die Putenbrust scharf anbraten. Lauch, Knoblauch, Chili und Ingwer dazugeben und mitbraten. Currypulver hinzufügen und nach kurzem Schwenken das Fleisch aus der Pfanne nehmen.

3. Nochmals etwas Kokosfett erhitzen und das restliche Gemüse darin anbraten. Etwas Wasser zugeben und würzen. Das Fleisch zurück in die Pfanne geben und mit Hafersahne, Petersilie und Curry bei kleiner Hitze einige Minuten köcheln lassen.

Nährwertangaben
280 kcal, 36 g Eiweiß, 9 g Fett, 15 g Kohlenhydrate, 4 g Ballaststoffe

Tomatensugo und Gemüsenudeln

Zubereitungszeit: 25 Minuten

Schwierigkeitsgrad: mittel

Zutatenliste für 2 Portionen:
200 g Vollkornspaghetti, 2 Möhren, 1 Zucchini, 1 EL Olivenöl, Knoblauch, 250 g passierte Tomaten, Kräuter der Provence, Pfeffer, Salz

Zubereitung:
1. Spaghetti bissfest kochen. Möhren und Zucchini in hauchdünne Streifen schneiden. Diese Streifen für die letzten Minuten mit zu den Spaghetti ins kochende Wasser geben. Die fertigen Spaghetti über ein Sieb abgießen.

2. Den gehackten Knoblauch kurz in einem Topf mit Öl andünsten, dann die passierten Tomaten und Kräuter dazugeben und alles ein paar Minuten köcheln lassen.

3. Mit Salz und Pfeffer, gerne auch mit anderen Kräutern, würzen. Spaghetti mit Sugo auf einem tiefen Teller anrichten.

Nährwertangaben

460 kcal, 16 g Eiweiß, 9 g Fett, 69 g Kohlenhydrate, 16 g Ballaststoffe

Geräucherte Putenbrust auf Gemüse

Zubereitungszeit: 15 Minuten

Schwierigkeitsgrad: leicht

Zutatenliste für 1 Portionen:
1 Möhre, 1 Stange Lauch, 2 Paprika, 1 Zucchini, Thymian, 2 EL Weißweinessig, Salz, Pfeffer, 100 g geräucherte Putenbrust, 1 EL Öl

Zubereitung:
1. Das Gemüse in Streifen oder Würfel schneiden.

2. In einer Pfanne mit Öl den Thymian andünsten, Gemüse hinzugeben und mit etwas Wasser etwa 5 Minuten lang garen. Das Ganze mit Essig ablöschen und würzen. Dazu Salz und Pfeffer verwenden.

3. Die Putenbrust in Streifen schneiden oder würfeln und unter das Gemüse mischen.

Nährwertangaben

504 kcal, 35 g Eiweiß, 24 g Fett, 28 g Kohlenhydrate, 18 g Ballaststoffe

Gemüseschnitzel knusprig

Zubereitungszeit: 15 Minuten

Schwierigkeitsgrad: mittel

Zutatenliste für 2 Portionen:
200 g Knollensellerie, 1 Kohlrabi, 2 Eier, Muskat, 2 EL Vollkornmehl, 80 g Mandelblättchen, 2-3 EL Öl, 300 g Magerquark, 3 EL Milch, 1 EL Schnittlauch, Salz, Pfeffer, Paprikapulver, 4 Scheiben Räucherlachs, Petersilie

Zubereitung:
1. Den in Streifen geschnittenen Sellerie und den Kohlrabi für etwa 5 Minuten in etwas Wasser andünsten. Ein Teller mit Eiern, Salz, Pfeffer und Muskat bestücken, zwei weitere mit Mehl und Mandelblättchen.

2. Öl in einer Pfanne erwärmen und darin die in Mehl, Eiern und Mandelblättchen gewendeten Gemüsescheiben anbraten, bis das Gemüse weich ist.

3. Milch und Quark in einer Schüssel mit den Gewürzen cremig rühren, dann den Schnittlauch unterheben. Den Quark auf die Gemüseschnitzel geben, darauf ein Stück Lachs drapieren und servieren.

Nährwertangaben
720 kcal, 20 g Kohlenhydrate, 51 g Eiweiß, 46 g Fett, 12 g Ballaststoffe

Gefüllte Tomaten

Zubereitungszeit: 20 Minuten

Schwierigkeitsgrad: mittel

Zutatenliste für 2 Portionen:
4 Fleischtomaten, Rosmarin, Thymian, 200 g Fetakäse, 2 EL Olivenöl, Meersalz, Pfeffer

Zubereitung:
1. Von den Tomaten einen Deckel abschneiden und das Innere entfernen. Auf einer Küchenrolle umgedreht gut abtropfen lassen.

2. Kräuter fein zerhacken und mit dem zerbröselten Fetakäse in Öl gut durchmengen. Mit Salz und Pfeffer würzen. Die Mischung zu den Tomaten schütten, umrühren und den Deckel wieder aufsetzen.

3. Die Tomaten in Alufolie einwickeln und auf dem Grill (oder im Backofen bei starker Hitze) etwa 10 Minuten lang grillen.

Nährwertangaben
500 kcal, 43 g Fett, 8 g Kohlenhydrate, 19 g Eiweiß

Kokossuppe mit Garnelen

Zubereitungszeit: 15 Minuten

Schwierigkeitsgrad: mittel

Zutatenliste für 2 Portionen:
Ingwer, 2 Knoblauchzehen, 1 Halm Zitronengras, 4 kleine Frühlingszwiebeln, 1 EL Öl, 200 ml Kokosmilch, ½ TL Currypaste, 200 g passierte Tomaten, 400 ml Gemüsebrühe, 150 g Garnelen, 1 EL Kokosfett, ½ Limette, Palmzucker

Zubereitung:
1. Knoblauch, Ingwer, Zitronengras und Frühlingszwiebeln fein zerkleinern.

2. Das Ganze in einer Pfanne mit heißem Öl anbraten, dann Kokosmilch, Currypaste und passierte Tomaten hinzufügen. Nachdem es aufgekocht ist, die Brühe dazu gießen und bei kleiner Hitze etwa 5 Minuten kochen lassen.

3. Inzwischen die Garnelen scharf in Kokosfett anbraten und dann sofort wieder herausnehmen.

4. Die Suppe fein pürieren und mit Palmzucker und Limettensaft abschmecken. Die Garnelen noch etwa 15 Minuten in der Suppe ziehen lassen.

Nährwertangaben
290 kcal, 16 g Eiweiß, 18 g Fett, 13 g Kohlenhydrate, 4 g Ballaststoffe

Kohlrabi-Lasagne

Zubereitungszeit: 60 Minuten

Schwierigkeitsgrad: mittel

Zutatenliste für 4 Portionen:
4 Kohlrabi, Salz, 2 Zwiebeln, 1 EL Olivenöl, 400 g Rinderhack, 250 g passierte Tomaten, 2 TL Majoran, 1 Knoblauchzehe, Pfeffer, 150 ml Milch, 1 Ei, 400 g fettarmer Frischkäse, Muskat

Zubereitung:
1. Etwa 3 mm dünne Kohlrabi-Scheiben für 5 Minuten in Salzwasser garen. Zwiebeln und Knoblauch fein zerkleinern und mit dem Rindfleisch in einem Topf mit heißem Öl anbraten, bis es krümelig wird. Die passierten Tomaten hineingeben und 20 Minuten mit kochen lassen.

2. Den Backofen auf 200 Grad heizen. Milch, Ei und 200 g Frischkäse verrühren und mit dem Muskat sowie mit Salz und Pfeffer würzen. Den restlichen Frischkäse in die Soße geben.

3. Auflaufform abwechselnd mit Soße und Kohlrabi bestücken und zum Schluss die Eiermilch darüber geben. Alles für etwa 30 Minuten lang in den Ofen stellen.

Nährwertangaben
460 kcal,19 g Kohlenhydrate, 42 g Eiweiß, 23 g Fett, 5 g Ballaststoffe

Spargel-Creme-Suppe

Zubereitungszeit: 25 Minuten

Schwierigkeitsgrad: mittel

Zutatenliste für 2 Portionen:
300 g grüner Spargel, 150 g festkochende Kartoffeln, 2 TL Butter, Salz, Pfeffer, 400 ml Gemüsebrühe, 100 ml Milch, 2 Eier, Petersilie, 30 g Kerbel, 100 g Crème légère, etwas Zitronensaft

Zubereitung:
1. Spargel schneiden und kleine Scheiben formen, Kartoffeln würfeln. Beides in zerlassener Butter in einem Topf für etwa 3 Minuten anbraten. Mit etwas Pfeffer und Salz würzen und die Brühe samt der Milch dazugeben. Abgedeckt 20 Minuten garen.

2. Die gekochten Eier halbieren. Kräuter mitsamt der Crème légère in die Suppe geben und alles fein pürieren.

3. Suppe mit Zitrone, Pfeffer und Salz abschmecken und auf Tellern anrichten. Dazu die halbierten Eier in die Mitte der Teller legen.

Nährwertangaben
380 kcal, 15 g Eiweiß, 25 g Fett, 21 g Kohlenhydrate, 4 g Ballaststoffe

Kürbissuppe

Zubereitungszeit: 30 Minuten

Schwierigkeitsgrad: mittel

Zutatenliste für 2 Portionen:
350 g Hokkaido-Kürbis, 2 Knoblauchzehen, 2 Zwiebeln, 1 Stück Ingwer, ½ TL Gemüsebrühe (Pulver), 1 EL Öl, Currypulver, 2 EL Saure Sahne, Pfeffer

Zubereitung:
1. Das Kürbisfleisch in grobe Würfel schneiden, Zwiebeln und Knoblauch fein zerkleinern. Den Ingwer möglichst klein hacken. Mit 600 ml kochendem Wasser die Gemüsebrühe vorbereiten.

2. Ingwer, Zwiebeln und Knoblauch nur kurz in einem Topf mit Öl andünsten, etwas Currypulver unterrühren und schließlich die Kürbiswürfel zugeben. Alles mit Brühe vorsichtig ablöschen und etwa 20 Minuten lang köcheln lassen.

3. Saure Sahne und noch etwas Wasser hinzugeben und fein pürieren. Zum Schluss nochmals aufkochen lassen.

Nährwertangaben
220 kcal, 4 g Eiweiß, 14 g Fett, 14 g Kohlenhydrate, 6 g Ballaststoffe

Gemüse-Lachs-Päckchen

Zubereitungszeit: 45 Minuten

Schwierigkeitsgrad: einfach

Zutatenliste für 4 Portionen:
4 Lachsfilets á 150 g, Salz, Pfeffer, Kräuter der Provence, 1 Zitrone, 2 EL Olivenöl, 6 Möhren, 3 Stangen Lauch

Zubereitung:
1. Den Backofen auf 180 Grad einstellen. Vier Päckchen aus je einem halben Bogen Backpapier formen. Die Lachsfilets mit Salz, Pfeffer und Kräutern würzen und in die Päckchen legen.

2. Zitrone auspressen und den Saft mit Olivenöl und Kräutern vermischen. Karotten schälen und grob raspeln, den Lauch in feine Streifen schneiden. Alles mit dem Öl vermischen und auf die Päckchen aufteilen.

3. In die Päckchen je eine Zitronenscheibe legen und dann die Päckchen falten, sodass sie zu sind. Im Ofen für 30 Minuten garen lassen.

Nährwertangaben
369 kcal, 22 g Fett, 10 g Kohlenhydrate, 32 g Eiweiß, 5 g Ballaststoffe

Lachssteak mit Mangold-Butter

Zubereitungszeit: 25 Minuten

Schwierigkeitsgrad: mittel

Zutatenliste für 4 Portionen:
½ Zitrone, 4 Lachssteaks á 200 g, 2 EL Kokosöl, 4 Blätter Mangold, 125 g Butter, 2 TL Worcestersoße, Salz, Pfeffer, Muskatnuss

Zubereitung:
1. Lachs mit dem Saft der Zitrone marinieren und etwa zwei Stunden kühl stellen. Dann den Lachs bei starker Hitze von beiden Seiten kurz anbraten und bei niedriger Temperatur noch 5 Minuten garen lassen.

2. Für die Mangoldbutter die Mangoldblätter fein hacken und mit Butter, Worcestersoße, Salz, Pfeffer und Muskat vermengen. Die Mischung in Frischhaltefolie wickeln und im Tiefkühlschrank drei Stunden fest werden lassen.

3. Butter in dünne Scheiben teilen und auf dem Lachs schmelzen lassen.

Nährwertangaben
644 kcal, 53 g Fett, 2 g Kohlenhydrate, 41 g Eiweiß

Lammspieße mit Ananas

Zubereitungszeit: 45 Minuten

Schwierigkeitsgrad: anspruchsvoll

Zutatenliste für 2 Portionen:
250 g Lammlachs, 160 g Ananas, 1 ½ EL Öl, 2 TL Honig, Currypulver, 400 g Spinat, 1 rote Zwiebel, 2 TL Sesamsamen, 1 TL Kokosfett, Salz, Pfeffer, Sojasoße

Zubereitung:
1. Lammlachs und Ananas in Würfel schneiden und abwechselnd auf Holzspieße stecken. Etwas Öl, Curry und Honig verrühren und damit die Spieße bestreichen. Die Spieße 10 Minuten ziehen lassen.

2. Sesam rösten (ohne Öl) und Zwiebeln zerkleinern. In der Pfanne Öl heiß werden lassen und darin die Spieße anbraten. Danach gut mit Pfeffer und Salz würzen und in Alufolie gewickelt noch 5 Minuten liegen lassen.

3. Nun die Zwiebel in der Pfanne anbraten und mit etwas Wasser aufkochen lassen. Den Spinat hinzugeben und weitere 2-3 Minuten dünsten. Alles auf Tellern verteilen und Sesam darüber streuen. Darauf die Spieße legen.

Nährwertangaben
370 kcal, 10 g Kohlenhydrate, 33 g Eiweiß, 21 g Fett, 5 g Ballaststoffe

Schinken-Lauch-Nudeln

Zubereitungszeit: 15 Minuten

Schwierigkeitsgrad: mittel

Zutatenliste für 4 Portionen:
600 g Lauch, Salz, 100 g Schinken, 125 g Cocktailtomaten, 1 EL Olivenöl, 1 Ei, 100 g Kochsahne, 1 EL Senf, Pfeffer, Kresse, Knoblauch

Zubereitung:
1. Lauch längs in etwa 1cm dicke Streifen schneiden, für 5 Minuten in Salzwasser blanchieren und anschließend über ein Sieb abgießen.

2. In einer Pfanne die Schinkenwürfel ohne Fett anbraten und knusprig werden lassen. Auf einer Küchenrolle abtropfen lassen.

3. Die Tomaten halbieren, etwas Knoblauch fein hacken und samt dem Lauch in der noch heißen Pfanne andünsten. Ei und Sahne mit Senf, Pfeffer und Salz verrühren und alles unter die Lauchnudeln heben. Darauf achten, dass das Ei nicht stockt.

Nährwertangaben
290 kcal, 10 g Kohlenhydrate, 21 g Eiweiß, 18 g Fett, 5 g Ballaststoffe

Marinierte Hähnchenbrust

Zubereitungszeit: 15 Minuten

Schwierigkeitsgrad: einfach

Zutatenliste für 4 Portionen:
500 g Hähnchenbrust, 2 EL Senf, 2 EL Honig, 2 EL Olivenöl, 2 EL Sojasoße, 4 Knoblauchzehen, Salz, Pfeffer

Zubereitung:
1. Knoblauch fein hacken und mit allen Zutaten zu einer Marinade vermengen.

2. Das Fleisch in der Marinade für mindestens 30 Minuten, besser aber über Nacht, durchziehen lassen.

3. Auf jeder Seite für ca. 10 Minuten anbraten

Nährwertangaben
400 kcal, 32 g Eiweiß, 11 g Fett, 40 g Kohlenhydrate, 5 g Ballaststoffe

Ofengemüse

Zubereitungszeit: 50 Minuten

Schwierigkeitsgrad: einfach

Zutatenliste für 4 Portionen:
2 Knoblauchzehen,1 Knolle Rote Beete, 4 Möhren, 4 Pastinaken, 1 Süßkartoffel, 1 Zwiebel, 2 EL Honig, Saft einer Orange, Thymian, 2 EL Olivenöl, Salz, Pfeffer

Zubereitung:
1. Gemüse in große Stücke schneiden, Rote Beete kurz in heißem Wasser blanchieren. Zwiebel und Knoblauch fein zerkleinern, mit Öl, Orangensaft und Honig vermengen und anschließend das Gemüse darin vermengen.

2. Alle Zutaten in einer kleinen Auflaufform gut verteilen und mit Pfeffer, Salz und Thymian würzen.

3. Etwa 45 Minuten goldbraun bei 200 Grad backen.

Nährwertangaben
290 kcal, 2 g Eiweiß, 5 g Fett, 6 g Kohlenhydrate, 5 g Ballaststoffe

Fischeintopf

Zubereitungszeit: 20 Minuten

Schwierigkeitsgrad: mittel

Zutatenliste für 4 Portionen:
100 g Zwiebeln, 2 Knoblauchzehen, 2 EL Öl, 500 g Tomaten, Salz, Pfeffer, Majoran, Rosmarin, 800 g gemischtes Seefischfilet, 1 Zitrone, 100 g Schafskäse, 120 g Oliven, Basilikum

Zubereitung:
1. Zwiebeln und Tomaten in feine Würfel schneiden, Knoblauch fein zerhacken und solange in Öl dünsten, bis der Tomatensaft fast verkocht ist. Anschließend mit Kräutern, Pfeffer und Salz würzen.

2. Fischfilets mit Zitronensaft und Öl einreiben, daraus ca. 2 cm dicke Stücke schneiden. Den Fisch in die Tomatensoße geben den Schafskäse darüber zerbröseln. Alles noch weitere 10 Minuten köcheln lassen.

3. Oliven in Ringe schneiden, Basilikum hacken und in die Suppe geben.

Nährwertangaben
388 kcal, 44,4 g Eiweiß, 20,3 g Fett, 5,2 g Kohlenhydrate, 2,6 g Ballaststoffe

Gefüllte Paprikaschoten

Zubereitungszeit: 45 Minuten

Schwierigkeitsgrad: mittel

Zutatenliste für 4 Portionen:
1 Dose Linsen, 3 Knoblauchzehen, 30 g getrocknete Tomaten (in Öl), Salz, Pfeffer, 4 Paprikaschoten, 1 l passierte Tomaten, 2 getrocknete Chilischoten, 2 EL gehackte Petersilie

Zubereitung:
1. Linsen waschen und abtropfen lassen, Knoblauch dazu pressen. Tomaten ebenfalls abtropfen lassen, in dünne Streifen schneiden und unterrühren.

2. Von den Paprikaschoten den Deckel entfernen und die Kerne herausschneiden. Dann mit der Linsenmischung füllen und nebeneinander in einen Topf stellen.

3. Passierte Tomaten dazugeben (nicht in die Schoten) und alles samt Chilischoten aufkochen lassen. Zugedeckt bei kleiner Hitze 30 Minuten kochen lassen. Zum Servieren mit Petersilie bestreuen.

Nährwertangaben
280 kcal, 18 g Eiweiß, 2 g Fett, 39 g Kohlenhydrate, 13 g Ballaststoffe

Möhrencurry

Zubereitungszeit: 20 Minuten

Schwierigkeitsgrad: leicht

Zutatenliste für 4 Portionen:
500 g Möhren, 1 Zwiebel, 2 EL Öl, 2 TL Curry, Salz, Pfeffer, 200 ml Gemüsebrühe, 1 Bund Petersilie, 2 EL Sonnenblumenkerne, 2 EL Mandeln

Zubereitung:
1. Möhren fein in Streifen schneiden und Zwiebel würfeln. Die Zwiebeln in einem großen Topf anschwitzen, dann Mandeln und Sonnenblumenkerne dazu geben. Currypulver und Möhren hinzufügen und mit Brühe ablöschen.

2. Das Ganze zugedeckt bei kleiner Hitze für 10 Minuten kochen lassen.

3. Petersilie fein hacken. Das Möhrencurry nach Geschmack mit Salz und Pfeffer würzen.

Nährwertangaben
190 kcal, 5 g Eiweiß, 12 g Fett, 14 g Kohlenhydrate, 6 g Ballaststoffe

Tagliatelle mit Garnelen

Zubereitungszeit: 10 Minuten

Schwierigkeitsgrad: einfach

Zutatenliste für 4 Portionen:
75 g TK-Erbsen, 500 g Möhren, 200 g Garnelen, 20 g Pinienkerne, 1 Msp. Sambal-Olek, 1 TL Öl, 1 EL Chilisoße, 2 TL rosa Pfefferkörner, Salz

Zubereitung:
1. Möhren in dünne Streifen schneiden (mit dem Sparschäler) und in Salzwasser etwa 2 Minuten blanchieren. Danach über ein Sieb abgießen.

2. Pinienkerne ohne Öl etwas rösten. Garnelen mit Sambal-Olek bestreichen und Salz darüber streuen, dann in einer Pfanne mit heißem Öl anbraten.

3. Möhrentagliatelle mit Garnelen, Pinienkernen und aufgetauten Erbsen in der Pfanne vermischen und mit Pfefferkörnern und Salz würzen.

Nährwertangaben
330 kcal, 29 g Eiweiß, 17 g Fett, 15 g Kohlenhydrate

Ofenzucchini

Zubereitungszeit: 60 Minuten

Schwierigkeitsgrad: anspruchsvoll

Zutatenliste für 2 Portionen:
1 Knoblauchzehe, 1 EL Kokosöl, 40 g Quinoa, 2 Tomaten, 1 Möhre, 1 Knolle gelbe Beete, ½ Knolle Fenchel, 1 Stück Ingwer, 1 Zucchini, 1 EL Nüsse, Salz, Pfeffer, Kurkuma, Kräuter, 1 EL Sonnenblumenkerne, 1 EL Mandeln, Chiliflocken, 2 EL Zitronensaft

Zubereitung:
1. Ingwer und Knoblauch fein zerhacken und in einem Topf mit heißem Öl und Kurkuma erhitzen. Quinoa hinzugeben und mit 100 ml Wasser ablöschen. Alles für ungefähr 20 Minuten kochen lassen.

2. Inzwischen die Tomaten häuten sowie gelbe Beete, Möhre und Fenchel gut zerkleinern. Die Zucchini längs aufschneiden und das Kerngehäuse entfernen. Tomaten und Nüsse pürieren und mit Pfeffer, Salz, Kräutern und Kurkuma gut würzen. Das zerkleinerte Gemüse zum Quinoa geben und gut vermengen.

3. In einer Auflaufform mit Kokosöl die Tomatensoße einfüllen und die Zucchinischiffchen einsetzen. In diese das Quinoa-Gemüse füllen und mit Kernen, Chiliflocken und Nüssen bestreuen. Alles für 20 Minuten bei 160 Grad im Backofen garen. Zum Schluss mit Zitronensaft beträufeln.

Nährwertangaben
420 kcal, 24 g Fett, 35 g Kohlenhydrate, 16 g Eiweiß, 12 g Ballaststoffe

Joghurt-Zitronen-Suppe

Zubereitungszeit: 20 Minuten

Schwierigkeitsgrad: mittel

Zutatenliste für 2 Portionen:
2 Zwiebeln, 2 Zucchini, 2 Knoblauchzehen, 1 Dose Kichererbsen, 1 EL Öl, 1 TL Kreuzkümmel, 600 ml Hühnerbrühe, Kurkuma, 200 g Naturjoghurt, 1 Zitrone, 1 Ei, Minze

Zubereitung:
1. Zwiebeln, Zucchini und Knoblauch in Würfel oder Scheiben schneiden. In einem Topf mit Öl Zwiebeln, Knoblauch und Kreuzkümmel andünsten. Brühe zugießen und Kichererbsen hineingeben. Die Suppe nach dem aufkochen etwa 10 Minuten lang bei schwacher Hitze weiter garen.

2. Inzwischen den Joghurt mit Zitronensaft und dem Ei in einer Schüssel vermengen.

3. Die Joghurtmischung langsam unter die Suppe heben. Dabei darauf achten, dass die Suppe nicht zu heiß ist. Zum Servieren mit Minze bestreuen.

Nährwertangaben
370 kcal, 17 g Eiweiß, 19 g Fett, 28 g Kohlenhydrate, 7 g Ballaststoffe

Putensteak mit Brokkoli

Zubereitungszeit: 30 Minuten

Schwierigkeitsgrad: mittel

Zutatenliste für 4 Portionen:
800 g Kartoffeln, Salz, Pfeffer, 500 g Brokkoli, 4 Putenschnitzel á 125 g, 1 EL Kokosfett, Muskat,1/2 Zitrone, 200 g Naturjoghurt, 200 ml Kochsahne, 1 Bund Schnittlauch

Zubereitung:
1. Kartoffeln für 15 Minuten in gesalzenem Wasser vorkochen und nach einigen Minuten die Brokkoliröschen hinzugeben. Putenschnitzel in Kokosfett von beiden Seiten in der Pfanne anbraten und mit Muskat, Pfeffer und Salz würzen. Schnitzel aus der Pfanne nehmen und in einer Auflaufform gleichmäßig auslegen.

2. Für die Soße Joghurt, Sahne, Zitronenschale und gehackten Schnittlauch vermengen und mit Pfeffer und Salz würzen und abschmecken. Die Hälfte der Soße über die Putensteaks geben und 10 Minuten im Ofen bei 180 Grad garen.

3. Kartoffel-Brokkoli-Mischung abgießen, in eine zweite Auflaufform geben und mit der restlichen Soße übergießen. Dies für einige Minuten mit in den Ofen stellen.

Nährwertangaben
433 kcal, 16 g Fett, 31 g Kohlenhydrate, 40 g Eiweiß, 4 g Ballaststoffe

Ratatouille

Zubereitungszeit: 45 Minuten

Schwierigkeitsgrad: mittel

Zutatenliste für 4 Portionen:
1 Aubergine, Salz, Pfeffer, 1 Zwiebel, 4 Knoblauchzehen, 2 Zucchini, 4 Paprikaschoten, 1 Dose geschälte Tomaten, 2 EL Olivenöl, ½ Tube Tomatenmark, 3 TL Kräuter, 1 TL Zucker

Zubereitung:
1. Aubergine in mundgerechte Stücke teilen und in etwas Salz 10 Minuten ziehen lassen. Zwiebel, Knoblauch, Zucchini und Paprikaschoten würfeln und in einem Topf mit heißem Öl anbraten.

2. Die Aubergine hineingeben und für 5 Minuten kräftig braten. Dann das Tomatenmark unterrühren und mit Pfeffer und Salz würzen.

3. Geschälte Tomaten, Kräuter und Zucker hinzufügen und das Ratatouille noch 20 Minuten lang köcheln lassen. Immer wieder ein Schluck Wasser zugeben und abschmecken.

Nährwertangaben
230 kcal, 9 g Eiweiß, 8 g Fett, 24 g Kohlenhydrate, 9 g Ballaststoffe

Räucherlachsrolle

Zubereitungszeit: 15 Minuten

Schwierigkeitsgrad: mittel

Zutatenliste für 2 Portionen:
1 großer Chicorée, 1 EL Öl, Salz, Pfeffer, 200 g Erbsen, 50 g Sojasahne, 2 Pck. Räucherlachs á 100 g, Petersilie, Zitrone

Zubereitung:
1. Chicorée halbieren und in einer Pfanne mit heißem Öl 3-4 Minuten vorsichtig anbraten. Erbsen in Salzwasser 2 Minuten garen, dann mit Sahne, Salz und Pfeffer pürieren.

2. Räucherlachs aneinanderlegen, mit Püree füllen und eng aufrollen. Die Lachsrollen mit gehackter Petersilie bestreuen und auf zwei Teller aufteilen.

3. Den Chicorée dazu anrichten, mit Zitronenspalten und etwas Petersilie garnieren.

Nährwertangaben
407 kcal, 25 g Fett, 15 g Kohlenhydrate, 30 g Eiweiß, 6 g Ballaststoffe

Rinderfiletstreifen

Zubereitungszeit: 10 Minuten

Schwierigkeitsgrad: leicht

Zutatenliste für 2 Portionen:
150 g Cocktailtomaten, 250 g Rinderfilet, Salz, Pfeffer, 3 EL Kokosfett, 2 EL Balsamico-Essig, 2 EL Erdnussbutter, 2 EL Basilikum

Zubereitung:
1. Tomaten halbieren, Rindfleisch in zarte Scheiben schneiden, salzen und pfeffern.

2. In einer Pfanne mit Kokosfett die Filetscheiben kurz und kräftig anbraten, mit Essig ablöschen und die Erdnussbutter einrühren.

3. Filet mit Tomaten und Basilikum auf 2 Tellern anrichten.

Nährwertangaben
230 kcal, 19 g Eiweiß, 14 g Fett, 4 g Kohlenhydrate

Chicorée-Apfel-Auflauf

Zubereitungszeit: 40 Minuten

Schwierigkeitsgrad: einfach

Zutatenliste für 4 Portionen:
3 große Chicorée, 12 Scheiben geräucherter Schinken, 1 Apfel, 200 g geriebener Käse, 1 EL Öl, 2 EL Kürbiskerne

Zubereitung:
1. Ofen auf 170 Grad vorheizen und eine Auflaufform mit Öl einpinseln.

2. Chicorée vierteln und jeweils mit einer Scheibe Schinken umwickeln.

3. Den Apfel ohne Kerngehäuse in dünne Scheiben schneiden, dann abwechselnd mit dem Chicorée in die Form schichten. Mit Käse bestreuen, Kürbiskerne darüber geben und für 35 Minuten backen.

Nährwertangaben
343 kcal, 18 g Fett, 8 g Kohlenhydrate, 36 g Eiweiß, 3 g Ballaststoffe

Kohl mit Hack

Zubereitungszeit: 25 Minuten

Schwierigkeitsgrad: mittel

Zutatenliste für 4 Portionen:
2 Zwiebeln, 2 Knoblauchzehen, 500 g Kohl, 1 Paprika, ½ Knolle Fenchel, 2 EL Öl, 300 g Rinderhack, 500 ml Hühnerbrühe, Salz, Pfeffer, ½ TL Paprikapulver (scharf), 1 Becher Naturjoghurt, Petersilie

Zubereitung:
1. Knoblauch fein hacken und Kohl, Fenchel, Zwiebel sowie Paprika in Streifen schneiden. Knoblauch mit Zwiebeln im Wok mit Öl anbraten, Rinderhack in der Mitte zugeben und krümelig braten. Mit Salz und Pfeffer würzen und gut umrühren.

2. Kohl hinzugeben und 2 Minuten mitbraten, dann Paprika und Fenchel unterrühren. Mit der Brühe vorsichtig ablöschen und bei kleiner Hitze 5 Minuten garen.

3. Zum Servieren mit etwas Joghurt und Petersilie garnieren.

Nährwertangaben
381 kcal, 25 g Fett, 10 g Kohlenhydrate, 29 g Eiweiß, 6 g Ballaststoffe

Hähnchenbrust mit Spinat und Schafskäse

Zubereitungszeit: 40 Minuten

Schwierigkeitsgrad: mittel

Zutatenliste für 4 Portionen:
450 g Blattspinat, 4 Hähnchenbrustfilets á 150 g, Salz, Pfeffer, 2 TL Öl, 1 Zwiebel, Muskat, 100 g Schafskäse

Zubereitung:
1. Backofen auf 220 Grad vorheizen. Hähnchenbrust salzen und pfeffern, dann kurz in Öl anbraten und herausnehmen.

2. Zwiebelwürfel in der Pfanne anbraten, dann den Spinat zugeben und mit Salz, Pfeffer und Muskat würzen.

3. Hähnchenbrust in einer Auflaufform gleichmäßig auslegen, den Spinat darüber schichten. Darauf Schafskäsewürfel geben und alles für etwa 25 Minuten überbacken lassen.

Nährwertangaben
310 kcal, 43 g Eiweiß, 14 g Fett, 3 g Kohlenhydrate, 3 g Ballaststoffe

Spargel-Hähnchen-Auflauf

Zubereitungszeit: 35 Minuten

Schwierigkeitsgrad: mittel

Zutatenliste für 2 Portionen:
400 g grüner Spargel, Salz, Pfeffer, 2 Zucchini, 1 Zwiebel, 2 Hähnchenbrustfilets á 125 g, 2 EL Kokosfett, 100 g Crème légère, 1 TL Curry, 15 g Pinienkerne, 2 Zweige Rosmarin

Zubereitung:
1. Spargel für einige Minuten vorgaren, inzwischen Zucchini und Zwiebel in Streifen schneiden. Backofen auf 200 Grad vorheizen.

2. Hähnchenfilets in heißem Kokosöl anbraten und mit Salz und Pfeffer würzen. Die Zwiebel im verbleibenden Fett mit Salz, Pfeffer und Curry andünsten dann die Zucchini hinzufügen. Nach kurzer Zeit wieder aus der Pfanne herausnehmen.

3. Bratsatz mit Crème légère ablöschen und kurz aufkochen. Spargel und Gemüse in einer Auflaufform verteilen, Fleisch daraufsetzen und mit dem Bratsatz beträufeln. Pinienkerne darüber geben und für 20 Minuten im Backofen backen lassen. Zum Schluss den fein gehackten Rosmarin über den fertigen Auflauf streuen.

Nährwertangaben
410 kcal, 41 g Eiweiß, 20 g Fett, 12 g Kohlenhydrate, 6 g Ballaststoffe

Spinatbratlinge in Soße

Zubereitungszeit: 40 Minuten

Schwierigkeitsgrad: anspruchsvoll

Zutatenliste für 2 Portionen:
200 g Spinat, 2 Knoblauchzehen, 3 EL Olivenöl, 2 Zwiebeln, 125 g Ricotta, 1 Ei, 2 EL Süßlupinenmehl, 4 EL Semmelbrösel, geriebene Zitronenschale, 2 TL Tomatenmark, Salz, Pfeffer, 250 g gemischte Pilze, 1 Dose stückige Tomaten, 200 ml Gemüsebrühe

Zubereitung:
1. Je 1 Zwiebel und 1 Knoblauchzehe fein stückeln und in einem Topf mit heißem Öl anbraten. Den Spinat dazugeben und dann in einem Sieb abtrocknen lassen. Nach dem Abtropfen gut zerhacken.

2. Ricotta, Ei, Spinat, Mehl und Semmelbrösel in einer größeren Schüssel gut vermengen und mit Zitronenschale, Salz und Pfeffer würzen. Aus der Masse 4 Frikadellen formen und kühl stellen.

3. Für die Soße Pilze zerkleinern, die übrige Zwiebel und den Knoblauch würfeln und im Topf andünsten. Nach 2-3 Minuten das Tomatenmark unterrühren und mit Brühe vorsichtig ablöschen. Mit Salz und Pfeffer würzen. 15 weitere Minuten garen lassen.

4. Inzwischen die Frikadellen in einer Pfanne anbraten, bis diese hellbraun sind. Mit einer Küchenrolle das überschüssige Fett aufsaugen und mit der Soße servieren.

Nährwertangaben
500 kcal, 28 g Eiweiß, 30 g Fett, 24 g Kohlehydrate, 12 g Ballaststoffe

Kohlroulade vegetarisch

Zubereitungszeit: 80 Minuten

Schwierigkeitsgrad: anspruchsvoll

Zutatenliste für 4 Portionen:
2 Zwiebeln, 2 Möhren, 1 Stange Lauch, 1 EL Rapsöl, 400 ml Gemüsebrühe, 80 g Grünkernschrot, 100 g Weißkohl, 3 EL Walnuss, 40 g Käse, 1 EL Petersilie, etwas Thymian, 1 Ei, Salz, Pfeffer, 1 EL Kokosfett, 400 g Magerquark, etwas Mineralwasser, Gartenkräuter

Zubereitung:
1. Zwiebeln, Möhren und Lauch grob schneiden und in 1 EL Öl andünsten. Grünkernschrot hineinschütten, mit einem Teil der Brühe vorsichtig ablöschen und für 30 Minuten kochen lassen. Inzwischen den Weißkohl kurz blanchieren.

2. Gehackte Walnuss mit Käse, Kräutern und Ei vermengen und das gegarte Gemüse unterrühren. Diese Masse auf die Weißkohlblätter verteilen und zu Rouladen formen.

3. Rouladen in Kokosfett anbraten, mit restlicher Brühe ablöschen und etwa 25 Minuten schmoren lassen. Währenddessen Quark mit Mineralwasser glattrühren und mit Kräutern nach Belieben würzen. Rouladen mit Quark servieren.

Nährwertangaben
351 kcal, 18 g Fett, 22 g Kohlenhydrate, 24 g Eiweiß, 5 g Ballaststoffe

Vollkornpizza

Zubereitungszeit: 30 Minuten

Schwierigkeitsgrad: mittel

Zutatenliste für 6 Portionen (1 Blech):
350 g Dinkelvollkornmehl, 1 Pck. Trockenhefe, 150 ml lauwarmes Wasser, 50 ml Olivenöl, Tomatenmark, Oregano, 250 g Tomaten, 250 g Rinderhack, 200 g Käse

Zubereitung:
1. Aus Mehl, Hefe, Wasser, Öl und Salz einen Teig kneten und zugedeckt etwa 1 Stunde gehen lassen.

2. Backofen auf 200 Grad vorheizen. Den Teig noch einmal durchkneten und in 6 Stücke teilen, ausrollen und daraus kleine Pizzen formen. Tomatenmark auf dem Teig verteilen und mit Kräutern würzen.

3. Für den Belag das Hackfleisch krümelig braten, Tomaten würfeln und mitbraten. Den Mix ebenfalls auf dem Teig verteilen und mit Käse verzieren. Alles für 12 Minuten im Backofen belassen.

Nährwertangaben
474 kcal, 23 g Fett, 39 g Kohlenhydrate, 28 g Eiweiß, 6 g Ballaststoffe

Quiche mit Tomaten und Zwiebeln

Zubereitungszeit: 50 Minuten

Schwierigkeitsgrad: anspruchsvoll

Zutatenliste für 6 Portionen (1 Quiche):
125 g gemahlene Mandeln, 100 ml Olivenöl, 125 g Magerquark, 2 Zwiebeln, 1 Knoblauchzehe, 15 Tomaten in Öl, 4 Eier, 200 ml Kochsahne, 125 g Käse, Salz, Pfeffer, 2 EL Rosmarin, 125 g Vollkornmehl, etwas Fett (für die Form)

Zubereitung:
1. Backofen auf 180 Grad vorheizen, Eine Springform (28cm) mit Fett auspinseln. Aus Mandeln, Mehl, Olivenöl, Magerquark, Rosmarin und Salz einen Teig herstellen. Die Springform auskleiden und 15 Minuten vorbacken.

2. Währenddessen Zwiebeln, Knoblauch und Tomaten klein schneiden und zusammen in einer Pfanne anbraten. Anschließend in die Auflaufform geben.

3. Eier mit Käse, Kochsahne und Rosmarin verquirlen und mit Salz und Pfeffer würzen. Die Mischung in die Auflaufform gießen und die Quiche für 25 Minuten backen.

Nährwertangaben
570 kcal, 24 g Eiweiß, 43 g Fett, 20 g Kohlenhydrate, 6 g Ballaststoffe

Abendessen - ausgeglichen den Tag abschließen

Artischocke mit Salsa

Zubereitungszeit: 40 Minuten

Schwierigkeitsgrad: mittel

Zutatenliste für 2 Portionen:
2 Artischocken, 1 Lorbeerblatt, 4 Tomaten, 1 rote Chilischote, 1 TL Olivenöl, Thymian, 1 Zehe Knoblauch, Pfeffer, 4 EL Zitronensaft

Zubereitung:
1. Stiele der Artischocken herausschneiden.

2. Wasser mit Zitronensaft, Lorbeer und Pfeffer zum Kochen bringen und etwa 40 Minuten bei niedriger Hitze garen.

3. Währenddessen Chili und Knoblauch kleinhacken und alles in Öl andünsten. Thymian und Tomaten zugeben und 30 min köcheln lassen.

4. Artischocken abtropfen lassen und mit der Salsa anrichten.

Nährwertangaben
98,6 kcal, 4,5 g Eiweiß, 3,3 g Fett, 10,3 g Kohlenhydrate, 11,1 g Ballaststoffe

Avocado mit Tomaten-Füllung

Zubereitungszeit: 10 Minuten

Schwierigkeitsgrad: leicht

Zutatenliste für 2 Portionen:
1 reife Avocado, 1 Tomate, 1 EL fein gehackte Zwiebeln, 2 EL Balsamico-Essig, Salz, Pfeffer, 2 EL frisches Basilikum, Pinienkerne, etwas geriebener Parmesan, etwas Knoblauch

Zubereitung:
1. Avocado hälftig teilen und den Kern entfernen. Die Hälften mit Pfeffer und Salz würzen. Zwiebel und Knoblauch sehr fein zerhacken.

2. Pinienkerne ohne Öl in einer Pfanne anrösten

3. Die Tomate waschen und klein schneiden. Die Tomatenstücke mit Zwiebel und Basilikum in die Avocadohälften geben und mit Balsamico-Essig beträufeln.

4. Die fertigen Hälften mit geriebenem Parmesan und den Pinienkernen bestreuen.

Nährwertangaben
260 kcal, 6 g Eiweiß, 20 g Fett, 10 g Kohlenhydrate, 6 g Ballaststoffe

Basilikum-Dickmilch-Suppe

Zubereitungszeit: 20 Minuten

Schwierigkeitsgrad: leicht

Zutatenliste für 2 Portionen:
½ Zitrone, 3 Frühlingszwiebeln, 1 Bund Basilikum, 500 ml Dickmilch, Salz, Pfeffer, Tabasco

Zubereitung:
1. Zitrone auspressen und Frühlingszwiebeln in kleine Ringe schneiden.

2. Das Basilikum waschen, abzupfen und mit den Frühlingszwiebeln, der Dickmilch und 1 EL Zitronensaft fein pürieren. Zwei Stiele des Basilikums für die Garnitur übriglassen.

3. Die kalte Suppe mit Salz, Pfeffer und Tabasco abschmecken, mit den restlichen Basilikumblättern garnieren und servieren.

Nährwertangaben
181 kcal, 9 g Eiweiß, 8,9 g Fett, 14,2 g Kohlenhydrate, 1,4 g Ballaststoffe

Brokkoli-Linsen-Salat mit Makrele

Zubereitungszeit: 15 Minuten

Schwierigkeitsgrad: mittel

Zutatenliste für 2 Portionen:
300 g Brokkoli, 1 kleine Zwiebel, 4 EL Orangensaft, 2 EL Weißwein-Essig, 2 EL Olivenöl, Salz, Pfeffer, 1 TL geriebener Meerrettich, 1 Dose Linsen, 125 g Cocktailtomaten, frisches Basilikum, 150 g geräucherte Makrelenfilets

Zubereitung:
1. Den Brokkoli putzen und in kleine Röschen teilen. Die Zwiebel würfeln.

2. Die Zwiebel mit Orangensaft, Essig und Olivenöl in einem kleineren Topf ganz kurz aufkochen lassen, dann den Brokkoli zugeben und etwa 3 Minuten dünsten. Mit Salz, Pfeffer und Meerrettich würzen.

3. Die Linsen nach dem Waschen in einem Sieb abtropfen lassen. Die Tomaten halbieren. Beides vorsichtig unter den Brokkoli heben.

4. Die Basilikumblätter abzupfen und die Makrelenfilets von der Haut befreien. Beides auf dem Salat verteilen und mit Pfeffer abschmecken.

Nährwertangaben
380 kcal, 17 g Eiweiß, 27 g Fett, 13 g Kohlenhydrate, 6 g Ballaststoffe

Bulgursalat

Zubereitungszeit: 25 Minuten

Schwierigkeitsgrad: mittel

Zutatenliste für 4 Portionen:
200 g grober Bulgur, 2 Möhren, 400 ml Gemüsebrühe, 250 g Salatgurke, 2 Fleischtomaten, 1 Bund Petersilie, Pfeffer, Muskat, Salz, 4 EL Olivenöl, 1 EL Balsamico-Essig, Zucker, 1 Zweig Minze, Kreuzkümmel

Zubereitung:
1. Bulgur 1 Minute in einem heißen Topf ohne Öl anrösten. Die Brühe hinzugießen und aufkochen lassen. Zugedeckt bei kleiner Hitze etwa 15 Minuten aufquellen lassen. Während des Abkühlens mehrmals umrühren.

2. Gurke und Tomaten in Würfel schneiden. Möhren schälen und raspeln. Petersilie und Minze abzupfen und fein zerhacken.

3. Für das Dressing 4 EL Olivenöl, 1 EL Balsamico-Essig, Salz, Pfeffer, Zucker und Kreuzkümmel verrühren.

4. Den abgekühlten Bulgur mit den Kräutern und dem Gemüse mischen und das Dressing unterheben. Mit Salz, Pfeffer und Muskatnuss würzen.

Nährwertangaben
340 kcal, 41 g Kohlenhydrate, 6 g Eiweiß, 15 g Fett, 8 g Ballaststoffe

Bohnensalat

Zubereitungszeit: 20 Minuten

Schwierigkeitsgrad: mittel

Zutatenliste für 4 Portionen:
200 g grüne Bohnen, 1 Paprika, 1 Zwiebel, 1 kl. Dose weiße Bohnen, 1 kl. Dose rote Bohnen, 2 EL Saure Sahne, 2 EL Wein-Essig, Senf, Ketchup, Meerrettich, Salz Pfeffer, 1 EL Öl, Thymian

Zubereitung:
1. Die grünen Bohnen in Wasser mit Salz kurz bissfest garen. Anschließend in ein Sieb gießen, abschrecken und in einer Schüssel aufbewahren.

2. Die Zwiebel in feine Ringe schneiden und die Paprika würfeln. Die roten und weißen Bohnen waschen und abtropfen lassen. Dann alles zu den grünen Bohnen in die Schale geben.

3. Für das Dressing Essig, Öl, Saure Sahne, Ketchup, Senf, Meerrettich und Thymian verrühren und mit Pfeffer und Salz würzen. Die Mischung unter die Salatzutaten geben und den Bohnensalat bis zum Servieren noch etwa 5 Minuten durchziehen lassen.

Nährwertangaben
210 kcal, 7 g Eiweiß, 11 g Fett, 15 g Kohlenhydrate, 6 g Ballaststoffe

Geflügelsalat

Zubereitungszeit: 15 Minuten

Schwierigkeitsgrad: leicht

Zutatenliste für 8 Portionen:
500 g Hähnchen- oder Putenbrust, 1 EL Kokosfett, Salz, Pfeffer, 4 gekochte Eier, 2 Zwiebeln, 2 Paprika, 2 saure Äpfel, Petersilie, 500 g fettarmer Naturjoghurt

Zubereitung:
1. Fleisch waschen, würfeln und in heißem Kokosfett anbraten. Dann in einer Schüssel mit Pfeffer und Salz schwenken.

2. Zwiebel, Paprika, Äpfel und Eier klein schneiden und zum Fleisch dazugeben. Alles vorsichtig mischen.

3. Petersilie fein zerhacken und mit dem Naturjoghurt unter den Salat heben.

Nährwertangaben
177 kcal, 21,5 g Eiweiß, 5,8 g Fett, 9 g Kohlenhydrate, 1,5 g Ballaststoffe

Eiersalat

Zubereitungszeit: 10 Minuten

Schwierigkeitsgrad: leicht

Zutatenliste für 4 Portionen:
8 Eier, 2 EL Weißwein-Essig, 4 EL Mayonnaise, 6 EL Joghurt, 2 TL Curry, Salz, Pfeffer, 2 saure Äpfel, 1 rote Zwiebel, 4 Gewürzgurken, 2 EL frische Petersilie, 2 EL Sonnenblumenkerne

Zubereitung:
1. Für das Dressing Essig, Curry, Salz und Pfeffer mit der Mayonnaise und dem Joghurt verrühren.

2. Die Äpfel in mittelgroße Würfel schneiden und die Petersilie fein hacken. Zwiebel, Gewürzgurken und die gekochten und geschälten Eier ebenfalls klein schneiden.

3. Alles in einer großen Schüssel mischen und mit dem Dressing verfeinern. Die Sonnenblumenkerne als Dekoration über den Eiersalat streuen.

Nährwertangaben
330 kcal, 19 g Eiweiß, 16 g Fett, 24 g Kohlenhydrate, 3 g Ballaststoffe

Champignons gefüllt

Zubereitungszeit: 30 Minuten

Schwierigkeitsgrad: mittel

Zutatenliste für 2 Portionen:
6 Riesenchampignons, 1 Knoblauchzehe, 1 kl. Zwiebel, 1 Stück Ingwer, 1 kl. Zucchini, 2 Tomaten, 1 EL Öl, Salz, Pfeffer, Koriander, 50 g geriebener Käse

Zubereitung:
1. Backofen auf 200 Grad vorheizen. Stiele der Champignons abschneiden. Stiele, Zwiebel, Ingwer und Knoblauch fein hacken. Zucchini und Tomaten klein würfeln.

2. Öl in der Pfanne erhitzen und das gesamte Gemüse für 10 Minuten dünsten. Erst zum Schluss die Tomaten zugeben. Mit Salz, Pfeffer und Koriander abschmecken.

3. Champignonköpfe mit der Öffnung nach oben auf ein Backblech setzen, die Gemüsefüllung hineingeben und mit Käse bestreuen. Etwa 15-20 Minuten im Ofen garen.

Nährwertangaben
214 kcal, 16 g Fett, 5 g Kohlenhydrate, 12 g Eiweiß, 3 g Ballaststoffe

Vollkornbrot mit Schinkenröllchen

Zubereitungszeit: 5 Minuten

Schwierigkeitsgrad: leicht

Zutatenliste für 1 Portionen:
1 dünne Scheibe Vollkornbrot, 50 g Ziegenfrischkäse, Salz, Pfeffer, Kräuter, 4 Scheiben luftgetrockneter Schinken, 150 g Gemüse

Zubereitung:
1. Gemüse in Streifen schneiden und in 4 gleich große Portionen aufteilen.

2. Das Gemüse mit dem Schinken zu kleinen Päckchen einrollen.

3. Frischkäse mit Gewürzen und Kräutern verrühren und als Dip in eine kleine Schüssel geben. Brot, Schinkenröllchen und Dip auf einem Teller servieren.

Nährwertangaben
307 kcal, 10 g Fett, 28 g Kohlenhydrate, 26 g Eiweiß, 9 g Ballaststoffe

Ziegenkäsetaler

Zubereitungszeit: 20 Minuten

Schwierigkeitsgrad: mittel

Zutatenliste für 2 Portionen:
100 g Feldsalat, 1 kl. Apfel, 10 g Haselnüsse (gerieben), 1 Zwiebel, 300 g Cocktailtomaten, 1 TL Senf, 2 EL Weißwein-Essig, Salz, Pfeffer, 2 EL Öl, 1 TL Reissirup, 2 Taler Ziegenfrischkäse

Zubereitung:
1. Backofengrill vorheizen. Tomaten halbieren und den Apfel in dünne Scheiben schneiden. Die Haselnüsse in einer Pfanne ohne Öl rösten.

2. Die Zwiebel klein hacken und mit Senf, Sirup, Essig, Salz und Pfeffer in einer Schüssel mischen und das Öl unterschlagen.

3. Die Käsetaler im Backofengrill etwa 5 Minuten grillen. Währenddessen Feldsalat, Tomaten, Apfelscheiben und Dressing mischen und auf einen Teller geben. Die Taler darauflegen und mit Haselnüssen bestreuen.

Nährwertangaben

270 kcal, 6 g Eiweiß, 18 g Fett, 16 g Kohlenhydrate, 5 g Ballaststoffe

Gegrilltes Gemüse

Zubereitungszeit: 40 Minuten

Schwierigkeitsgrad: einfach

Zutatenliste für 2 Portionen:
3 Paprika, 2 Zucchini, 2 Zwiebeln, 1 Knoblauchzehe, Thymian, 3 EL Olivenöl, Petersilie, Salz, Pfeffer

Zubereitung:
1. Das Gemüse und die Zwiebeln in Würfel oder Streifen schneiden. Kräuter und Knoblauch fein zerhacken.

2. In einer Auflaufform alles gut mischen, dazu das Olivenöl geben und mit Kräutern, Pfeffer und Salz würzen.

3. Die Auflaufform etwa 30 Minuten im Backofen bei 180 Grad verweilen lassen und gelegentlich etwas Wasser zugießen.

Nährwertangaben

246 kcal, 7 g Eiweiß, 17 g Fett, 24 g Kohlenhydrate, 10 g Ballaststoffe

Nussfrikadellen

Zubereitungszeit: 40 Minuten

Schwierigkeitsgrad: anspruchsvoll

Zutatenliste für 2 Portionen:
1 rote Zwiebel, 20 g Haselnusskerne, ½ EL Öl, 75 g Grünkernschrot, 150 ml Gemüsebrühe, Petersilie, 2 EL Magerquark, 1 Eigelb, Salz, Pfeffer, Paprikapulver, 300 g Gemüse

Zubereitung:
1. In einer Pfanne mit Öl die gewürfelte Zwiebel, die feingehackten Nüsse und den Grünkernschrot bei mittlerer Hitze anbraten. Mit der Brühe aufgießen und alles zugedeckt etwa 10 Minuten lang quellen lassen.

2. Den Grünkernmix von der Herdplatte herunternehmen und mit Quark, Petersilie und Eigelb gut mischen. Nach Geschmack mit Salz, Pfeffer und Paprikapulver würzen. Aus dieser Masse etwa 6 Frikadellen formen. In der Pfanne gut anbraten und von beiden Seiten braun werden lassen. Danach die Frikadellen auf einer Küchenrolle abtropfen lassen.

3. Das Gemüse in größere Stücke oder Streifen schneiden und mit den warmen Frikadellen servieren.

Nährwertangaben
380 kcal, 31 g Kohlenhydrate, 12 g Eiweiß, 22 g Fett, 8 g Ballaststoffe

Radieschen-Gurken-Salat

Zubereitungszeit: 10 Minuten

Schwierigkeitsgrad: einfach

Zutatenliste für 2 Portionen:
1 Gurke, 10 Radieschen, 1 Zwiebel, 1 Bund Dill, 1 TL Estragon, 1 EL Weißweinessig, ½ TL Senf, 1 EL Hanföl, 3 EL Schmand, Sojasoße, Salz, Pfeffer

Zubereitung:
1. Zwiebel und Dill fein zerkleinern und in eine Schüssel geben. Estragon, Essig, Senf, Öl, Schmand und Sojasoße dazu geben und gut verrühren. Mit Salz und Pfeffer abschmecken.

2. Gurke und Radieschen in hauchdünne Scheiben schneiden, dann beides in die Salatsoße geben und unterrühren.

3. Lassen Sie den Gurkensalat 30 Minuten durchziehen.

Nährwertangaben

140 kcal, 2 g Eiweiß, 12 g Fett, 5 g Kohlenhydrate, 2 g Ballaststoffe

Kohlrabi-Salat

Zubereitungszeit: 10 Minuten

Schwierigkeitsgrad: einfach

Zutatenliste für 2 Portionen:
1 Kohlrabi, frischer Ingwer, 1 Apfel, 2 Pastinaken, Saft einer Zitrone, Essig, 10 ml Walnussöl, Kräuter nach Belieben

Zubereitung:
1. Kohlrabi und Pastinaken grob in eine große Schüssel raspeln.

2. Ingwer schälen und sehr fein zerhacken. Den Apfel ebenfalls raspeln.

3. Für das Dressing Kräuter mit Öl und Essig gut durchmischen. Darin den Salat für etwa 15 Minuten ziehen lassen.

Nährwertangaben

180 kcal, 4,5 g Eiweiß, 5 g Fett, 26 g Kohlenhydrate

Omelett mit Räucherlachs

Zubereitungszeit: 15 Minuten

Schwierigkeitsgrad: einfach

Zutatenliste für 2 Portionen:
300 g Gurke, Salz, Gartenkresse, 50 g Räucherlachs, 3 Eier, Pfeffer, 2 EL Mineralwasser, 2 EL Kefir, 2 EL Dill, 2 EL Schnittlauch, 2 EL Öl

Zubereitung:
1. Gurke in dünne Scheiben schneiden und auf den Tellern auslegen.

2. Eier mit Gewürzen, Mineralwasser und Kefir verrühren und die Kräuter unterheben. In einer Pfanne das Öl erhitzen und die Eimasse hineingeben. Wenn das Omelett stockt, den gewürfelten Lachs darauf verteilen und zusammenklappen.

3. Je ein halbes Omelett auf die Teller mit den Gurkenscheiben legen.

Nährwertangaben
320 kcal, 18 g Eiweiß, 24 g Fett, 5 g Kohlenhydrate, 2 g Ballaststoffe

Lachs auf geschmolzenen Tomaten

Zubereitungszeit: 15 Minuten

Schwierigkeitsgrad: mittel

Zutatenliste für 4 Portionen:
4 Lachsstücke, 600 g Tomaten, 2 EL Olivenöl, Basilikum, Thymian, 200 g Rucola, 2 EL Balsamico-Essig, Salz, Pfeffer

Zubereitung:
1. Lachsfilets mit Salz und Pfeffer würzen und in einen Dämpfeinsatz legen. Im Topf für etwa 8-10 Minuten dämpfen.

2. Halbierte Tomaten mit kochendem Wasser übergießen und etwa 1 Minute ziehen lassen. Tomatenhälften kalt abschrecken, die Haut abziehen und anschließend würfeln. Bei mittlerer Hitze in der Pfanne kurz erwärmen. Mit Kräutern, Salz und Pfeffer abschmecken.

3. Rucola grob hacken und mit Olivenöl und Essig mischen. Den Lachs auf den Tomaten mit Rucola anrichten.

Nährwertangaben
410 kcal, 33 g Eiweiß, 28 g Fett, 6 g Kohlenhydrate, 3 g Ballaststoffe

Linsenbratlinge

Zubereitungszeit: 60 Minuten

Schwierigkeitsgrad: anspruchsvoll

Zutatenliste für4 Portionen:
200 g getrocknete Linsen, Thymian, 1 Lorbeerblatt, 80 g Zwiebeln, 2 Knoblauchzehen, 1 Chilischote, 1 EL Öl, 200 g Möhren, 1 EL Sesamsamen, 1 Dinkelbrötchen (vom Vortag), 1 Bund Petersilie, 1 Eigelb, 2 EL Dinkelmehl, Muskat, Salz, Pfeffer, gemahlener Kreuzkümmel

Zubereitung:
1. Linsen zusammen mit Thymian und Lorbeer in einen Topf geben, ½ l Wasser hinzufügen und bei kleiner Hitze für 40 Minuten köcheln.

2. Zwiebeln, Knoblauch, Petersilie und Chili möglichst klein hacken und die Möhren fein raspeln. Das Brötchen in Wasser einweichen, am einfachsten in einer Müslischüssel. In einer Pfanne das Öl erhitzen und Zwiebeln, Knoblauch und Chili darin anbraten.

3. Die Linsen abgießen und das Brötchen gut ausdrücken. Beides mit Möhren, Petersilie und Zwiebelmischung sowie mit Sesam, Ei und Mehl verkneten. Kräftig mit Salz und den Kräutern würzen.

4. Aus der Masse etwa 10 Bratlinge formen und in einer großen Pfanne für je 3-4 Minuten beidseitig knusprig anbraten.

Nährwertangaben
500 kcal, 19 g Eiweiß, 32 g Fett, 41 g Kohlenhydrate, 13 g Ballaststoffe

Mango-Avocado-Salat

Zubereitungszeit: 15 Minuten

Schwierigkeitsgrad: einfach

Zutatenliste für 4 Portionen:
1 Mango, 2 Avocado, Zitronensaft, Orangensaft, 350 g Cocktailtomaten, 250 g Rucola, 1 EL Senf, 2 EL Olivenöl, Salz, Pfeffer

Zubereitung:
1. Mango und Avocado in Streifen oder Würfel schneiden. Etwas Zitronensaft darüber geben, damit sich die Avocado nicht verfärbt. Die Tomaten halbieren und mit dem Rucola, der Mango und der Avocado mischen.

2. Für das Dressing etwas Zitronensaft, Orangensaft und Senf verrühren und mit Salz und Pfeffer würzen. Dann das Öl unterschlagen und das Dressing über den Salat geben.

Nährwertangaben
296 kcal, 4 g Eiweiß, 21 g Fett, 15 g Kohlenhydrate, 8 g Ballaststoffe

Brokkoli-Salat

Zubereitungszeit: 10 Minuten

Schwierigkeitsgrad: einfach

Zutatenliste für 4 Portionen:
650 g Brokkoli, 3 Frühlingszwiebeln, 8 getrocknete Tomaten (in Öl), 1 Knoblauchzehe, 150 g Cocktailtomaten, 2 EL Balsamico-Essig, Salz, Pfeffer, 4 EL Olivenöl, Petersilie, 100 g Feta

Zubereitung:
1. Brokkoli in kleine Röschen teilen und in Salzwasser für 5 Minuten garen. Frühlingszwiebeln und Tomaten zerkleinern und den Knoblauch sehr fein hacken. In einer Schüssel alles vermengen.

2. Für das Dressing Salz, Pfeffer, Balsamico-Essig und Olivenöl vermengen und gehackte Petersilie dazugeben.

3. Dressing mit Gemüse vermischen und zuletzt den Feta zerbröseln und untermischen.

Nährwertangaben
224 kcal, 10 g Eiweiß, 16 g Fett, 9 g Kohlenhydrate

Nizzasalat

Zubereitungszeit: 20 Minuten

Schwierigkeitsgrad: mittel

Zutatenliste für 2 Portionen:
2 gekochte Eier, 75 g grüne Bohnen, Salz, ½ Romanasalat, 75 g Cocktailtomaten, 1 Paprika, 200 g Gurke, 1 rote Zwiebel, Basilikum, Oliven, 2 EL Weißwein-Essig, 5 EL Gemüsebrühe, ½ TL Senf, Pfeffer, Olivenöl

Zubereitung:
1. Bohnen in kochendem Wasser etwa 6-8 Minuten bissfest garen, danach in ein Sieb gießen.

2. Salat zerkleinern und Tomaten, Paprika und Gurke in Würfel oder Streifen schneiden. Die Zwiebel in Ringe schneiden und das Basilikum fein hacken. Alles gut vermischen. Eier schälen, vierteln und in den Salat geben. Den Salat auf Tellern verteilen.

3. Für das Dressing Essig, Brühe, Senf, Salz, Pfeffer und Öl vermengen und über den Salat träufeln. Nach Geschmack mit Oliven servieren.

Nährwertangaben
380 kcal, 11 g Eiweiß, 32 g Fett, 10 g Kohlenhydrate, 6 g Ballaststoffe

Salat mit pochierten Eiern

Zubereitungszeit: 15 Minuten

Schwierigkeitsgrad: mittel

Zutatenliste für 2 Portionen:
5 EL Wein-Essig, Salz, Pfeffer, ½ TL Senf, 2 EL Olivenöl, 1 Prise Zucker, 1 EL Walnussöl, 125 g Kirschtomaten, ½ Gurke, 1 Avocado, 100 g Blattsalat, 2 Eier

Zubereitung:
1. Für das Dressing 1 EL Essig mit Salz, Zucker, Pfeffer und Senf verrühren und dann tröpfchenweise Öl unterschlagen.

2. Gemüse würfeln oder Scheiben daraus schneiden und mit dem Dressing marinieren. Dann vorsichtig mit dem Salat vermischen.

3. Die Eier in einen Topf mit Wasser und Essig einzeln hineingleiten lassen und etwa 4 Minuten garen lassen. Dabei das Eiweiß mit Löffeln an das Eigelb drücken. Mit einer Schaumkelle vorsichtig aus dem Wasser herausnehmen und auf dem Salat anrichten.

Nährwertangaben
385 kcal, 35 g Fett, 8 g Kohlenhydrate, 9 g Eiweiß, 6 g Ballaststoffe

Radicchio-Fenchel-Salat

Zubereitungszeit: 10 Minuten

Schwierigkeitsgrad: leicht

Zutatenliste für 4 Portionen:
1 Radicchio, 1 Knolle Fenchel, 3 Walnüsse, 40 g Parmesan, 3 EL Walnussöl, 2 EL Balsamico-Essig, Salz, Pfeffer

Zubereitung:
1. Radicchio grob zerkleinern, den Fenchel in hauchdünne Scheiben schneiden. Walnüsse und etwas Fenchelgrün fein hacken.

2. Für das Dressing Walnussöl, Essig, Salz und Pfeffer vermischen. Den vermischten Salat mit Dressing überziehen und Walnüsse, Fenchelgrün und Parmesan darüber streuen.

Nährwertangaben
150 kcal, 5 g Eiweiß, 12,9 g Fett, 3,7 g Kohlenhydrate, 2,1 g Ballaststoffe

Rindfleischsalat

Zubereitungszeit: 15 Minuten

Schwierigkeitsgrad: mittel

Zutatenliste für 4 Portionen:
2 EL Zitronensaft, 1 EL Honig, 1 EL Sojasoße, 1 EL Senf, Pfeffer, Salz, 2 EL Öl, 800 g grüne Bohnen, 1 Avocado, 1 kl. Dose rote Bohnen, 8 Cocktailtomaten, 600 g Roastbeef

Zubereitung:
1. Für das Dressing Senf, Honig und Sojasoße in den Zitronensaft rühren und mit Salz und Pfeffer abschmecken. Zum Schluss vorsichtig das Öl unterschlagen.

2. Grüne Bohnen etwa 8 Minuten lang bissfest garen. Rote Bohnen waschen und abtropfen lassen. Tomaten halbieren und Avocado in Scheiben schneiden.

3. Tomaten und Bohnen in einer Schüssel gemeinsam mit dem Dressing mischen. Avocadoscheiben leicht unterrühren. Die Roastbeefscheiben zu Röllchen formen und damit den Salat garnieren.

Nährwertangaben
415 kcal, 46 g Eiweiß, 19 g Fett, 15 g Kohlenhydrate, 6 g Ballaststoffe

Spargel-Salat

Zubereitungszeit: 25 Minuten

Schwierigkeitsgrad: mittel

Zutatenliste für 2 Portionen:
500 g grüner Spargel, 100 g rote Linsen, 1 rote Zwiebel, 2 EL Balsamico-Essig, 2 TL Senf, Salz, Pfeffer, 2 EL Olivenöl, 2 EL Schnittlauch

Zubereitung:
1. Spargel in Salzwasser etwa 15-20 Minuten garen. Linsen in 200 ml Wasser zugedeckt 10 Minuten garen.

2. Die Zwiebel in Ringe schneiden und den fertigen Spargel in etwa 2-3 cm lange Stücke schneiden. Beides mit den Linsen vermengen.

3. Für das Dressing Essig, Senf und Olivenöl mischen, mit Salz und Pfeffer abschmecken und dann unter den Salat heben. Den fertigen Salat mit Schnittlauch bestreuen.

Nährwertangaben
320 kcal, 17 g Eiweiß, 13 g Fett, 31 g Kohlenhydrate

Tomaten-Cremesuppe

Zubereitungszeit: 40 Minuten

Schwierigkeitsgrad: mittel

Zutatenliste für 1 Portionen:
1 Möhre, 1 rote Zwiebel, 300 g Tomaten, 2 EL Olivenöl, 1 Knoblauchzehe, 250 ml Gemüsebrühe, Salz, Zucker, Pfeffer, 100 g Tofu, Thymian, Rosmarin, Majoran, 2 EL Kräuterschmand

Zubereitung:
1. Möhren, Zwiebel und Knoblauch würfeln, Tomaten häuten und grob schneiden.

2. In einem Topf mit Öl Möhren, Knoblauch und Zwiebeln anbraten, Tomaten und Brühe hinzugeben und mit Salz, Pfeffer und etwas Zucker würzen. 25 Minuten zugedeckt köcheln lassen. Etwas Schmand zugeben und fein pürieren.

3. Tofu in Würfel zerteilen und in Öl mit den Kräutern mischen, dann in einer Pfanne gut anbraten. Zum Servieren auf den Teller mit Tomatensuppe geben.

Nährwertangaben
480 kcal, 21 g Eiweiß, 33 g Fett, 19 g Kohlenhydrate, 9 g Ballaststoffe

Weißer Bohnensalat

Zubereitungszeit: 10 Minuten

Schwierigkeitsgrad: leicht

Zutatenliste für 1 Portionen:
½ Dose weiße Bohnen, 2 Tomaten, 50 g Feta, 1 Knoblauchzehe, 3 TL Olivenöl, 1 TL Agavendicksaft, etwas getrockneter Salbei, 3 TL Weißwein-Essig, Salz

Zubereitung:
1. Bohnen, Tomaten und Feta klein schneiden und in einer Schale vermengen.

2. Für das Dressing den fein gehackten Knoblauch mit Öl, Essig, Agavendicksaft, Salbei und Salz vermischen. Dieses auf dem Bohnensalat verteilen und ziehen lassen.

Nährwertangaben
362 kcal, 23 g Fett, 23 g Kohlenhydrate, 15 g Eiweiß, 4 g Ballaststoffe

Champignoncremesuppe

Zubereitungszeit: 30 Minuten

Schwierigkeitsgrad: mittel

Zutatenliste für 2 Portionen:
2 EL Haferkleie, 100 ml Sahne, 150 ml Milch, 1 Zwiebel, 500 g Champignons, 300 ml Wasser, 2 TL ÖL, 1 TL Gemüsebrühe, 100 g Lachsschinken, Petersilie, Salz, Pfeffer

Zubereitung:
1. Milch, Sahne, Haferkleie und Mehl vermengen und quellen lassen.

2. Zwiebeln und Champignons klein schneiden. In einer Pfanne Zwiebeln anbraten, Champignons zugeben und mit 100 ml Wasser 10 Minuten köcheln lassen. Milch-Haferkleie-Mischung dazugeben und aufkochen lassen.

3. Suppe fein pürieren und für die Konsistenz mehr oder weniger Wasser zugeben. Schinken in kleine Würfel schneiden und in die Suppe geben. Fertige Suppe mit Petersilie garnieren.

Nährwertangaben
400 kcal, 24 g Eiweiß, 26 g Fett, 15 g Kohlenhydrate, 6 g Ballaststoffe

Snacks und Co. – für Zwischendurch

Avocado-Schoko-Dessert

Zubereitungszeit: 20 Minuten

Schwierigkeitsgrad: mittel

Zutatenliste für 2 Portionen:
1 kleine Orange, 1 reife Avocado, 1 Vanille-Schote, 2 EL entfettetes Kakaopulver, Salz, 1 EL Vanillerohrzucker, 1 EL Mandelblättchen

Zubereitung:
1. Orange großzügig schälen, um auch die weiße Haut zu entfernen. Beim Auslösen der Orangenfilets den Saft auffangen.

2. Die Avocado halbieren und das Fruchtfleisch grob zerkleinern. Die Vanilleschoten aufschneiden und das Mark auskratzen.

3. Avocado mit Vanillequark, Kakao, einer Prise Salz, Zucker und dem Orangensaft pürieren. Die fertige Creme in Gläsern mit den Orangenfilets dekorieren und für etwa 1-2 Stunden kühlen.

4. Die Mandelblättchen in der Pfanne anrösten (ohne Öl) und damit die Creme vor dem Verzehr bestreuen.

Nährwertangaben
170 kcal, 5 g Eiweiß, 9 g Fett, 13 g Kohlenhydrate, 5 g Ballaststoffe

Avocado-Schoko-Mus

Zubereitungszeit: 5 Minuten

Schwierigkeitsgrad: leicht

Zutatenliste für 1 Portion:
½ Avocado, 20 g Mandelsplitter, 1 TL Backkakao, ½ TL Xylit

Zubereitung:
1. Die Mandelsplitter in der Pfanne unter Rühren anrösten, bis sie zu duften anfangen.

2. Alle Zutaten in einem Mixer pürieren.

3. In einem Schälchen servieren und genießen.

Nährwertangaben
288 kcal, 26 g Fett, 9 g Kohlenhydrate, 7 g Eiweiß, 8 g Ballaststoffe

Bratapfel

Zubereitungszeit: 25 Minuten

Schwierigkeitsgrad: leicht

Zutatenliste für 4 Portionen:
4 Äpfel, 2 EL gehackte Mandeln, 1 TL Zimt, 2 EL Marmelade

Zubereitung:
1. Die Äpfel waschen und mit dem Apfelausstecher entkernen.

2. Mandeln mit Marmelade und Zimt in einer Schüssel vermengen.

3. Die Äpfel mit der Mischung füllen und auf mittlerer Schiene etwa 20 Minuten backen.

Nährwertangaben
150 kcal, 2 g Eiweiß, 3 g Fett, 28 g Kohlenhydrate, 4 g Ballaststoffe

Chia-Kokos-Pudding

Zubereitungszeit: 20 Minuten

Schwierigkeitsgrad: mittel

Zutatenliste für 2 Portionen:
30 g Chiasamen, 100 ml fettarme Kokosmilch, 1 TL natives Kokosöl, 2 EL Kokosraspel, 2 EL Dinkelvollkornflocken, 1 TL Reissirup

Zubereitung:
1. Chiasamen mit der Kokosmilch und 1/8 l Wasser verrühren und quellen lassen (10 Minuten). Nochmal rühren und für mindestens eine Nacht im Kühlschrank aufquellen lassen.

2. Am nächsten Tag Öl erhitzen und Kokosraspeln und Dinkelflocken bei mittlerer Hitze in einer Pfanne goldbraun rösten. Mit dem Sirup beträufeln und mischen. Dann die Masse vom Herd nehmen.

3. Den Chiapudding aus dem Kühlschrank holen und nochmals rühren. Mit der Kokosmischung und den Beeren in Gläsern schichten.

Nährwertangaben
400 kcal, 10 g Eiweiß, 28 g Fett, 24 g Kohlenhydrate, 12 g Ballaststoffe

Grüner Smoothie

Zubereitungszeit: 5 Minuten

Schwierigkeitsgrad: einfach

Zutatenliste für 1 Portion:
¼ Gurke, 1 Apfel, 1 Handvoll Spinat, Minze, ½ Avocado, Limettensaft, 1 EL Leinsamen

Zubereitung:
1. Obst und Gemüse grob zerkleinern.

2. Alles in einem Mixer gut Pürieren.

Nährwertangaben

337 kcal, 22 g Fett, 27 g Kohlenhydrate, 7 g Eiweiß, 13 g Ballaststoffe

Fruchtiger Hafershake

Zubereitungszeit: 5 Minuten

Schwierigkeitsgrad: einfach

Zutatenliste für 1 Portionen:
125 g frisches Obst, 1 EL Mandelmus, 150 ml Haferdrink, Zimt, 1 TL Ahornsirup

Zubereitung:
1. Obst schälen, entsteinen und grob zerkleinern.

2. Alles in einen Mixer geben und gut Pürieren.

Nährwertangaben
218 kcal, 8 g Eiweiß, 11 g Fett, 20 g Kohlenhydrate, 9 g Ballaststoffe

Quarkspeise mit Himbeeren

Zubereitungszeit: 5 Minuten

Schwierigkeitsgrad: einfach

Zutatenliste für 2 Portionen:
25 g Mandeln, 200 g Himbeeren, 1 EL Vanillezucker, 200 g Magerquark, 100 g griechischer Joghurt, 1 EL Rohrzucker

Zubereitung:
1. Mandeln hacken und goldbraun rösten.

2. Himbeeren in dem Vanillezucker zerdrücken, Quark und Joghurt mit dem Rohrzucker vermengen und unter die Himbeeren heben.

3. Quarkmasse auf Schälchen verteilen und die gerösteten Mandeln darüber streuen.

Nährwertangaben
300 kcal, 17 g Eiweiß, 14 g Fett, 21 g Kohlenhydrate, 6 g Ballaststoffe

Kakao-Cashew-Milch

Zubereitungszeit: 5 Minuten

Schwierigkeitsgrad: einfach

Zutatenliste für2 Portionen:
80 g Cashewkerne, 200 ml Wasser, 1 EL entölter Kakao, 1 getrocknete Feige, Zimt, Kardamom

Zubereitung:
1. Die Cashewkerne für mindestens 10 Stunden in eine Schüssel mit Wasser geben und einweichen lassen.

2. Alle Zutaten nach und nach in einen Mixer geben und immer auf höchster Stufe mixen.

Nährwertangaben
569 kcal, 20 g Eiweiß, 36 g Fett, 38 g Kohlenhydrate, 8 g Ballaststoffe

Beeren-Kokos-Smoothie

Zubereitungszeit: 5 Minuten

Schwierigkeitsgrad: einfach

Zutatenliste für 1 Portion:
100 ml Kokosmilch, 100 g Beeren, 1 EL Limettensaft, Saft einer Orange

Zubereitung:
Alle Zutaten in einem Mixer glatt pürieren.

Nährwertangaben
277 kcal, 3 g Eiweiß, 22 g Fett, 16 g Kohlenhydrate, 5 g Ballaststoffe

Kokostafel

Zubereitungszeit: 10 Minuten

Schwierigkeitsgrad: einfach

Zutatenliste für 4 Portionen (1 Tafel/4Riegel):
3 EL Kokosmus, 1 EL Kokosöl, 2 EL Kokosraspel, nach Geschmack Erythrit, Zitrone oder Limette

Zubereitung:
1. Kokosöl und -mus in der Mikrowelle erwärmen und die restlichen Zutaten unterrühren.

2. Die Masse in eine Schale oder in eine kleine Auflaufform gießen und mit Erythrit, Limette oder Zitrone verfeinern.

3. Über Nacht in den Kühlschrank stellen.

Nährwertangaben
98 kcal, 10 g Fett, 1 g Kohlenhydrate, 1 g Eiweiß, 1 g Ballaststoffe

Kichererbsen Snack

Zubereitungszeit: 20 Minuten

Schwierigkeitsgrad: leicht

Zutatenliste für 4 Portionen:
1 Dose Kichererbsen, 1 EL Öl, ½ TL Kurkuma, ½ TL Kümmel, ½ TL Salz

Zubereitung:
1. Kichererbsen in einem Sieb gut waschen und abtropfen lassen.

2. Öl mit Gewürzen verrühren und zu den Kichererbsen geben.

3. Kichererbsen für 15-20 Minuten in der Pfanne bei mittlerer Hitze rösten, bis sie sich braun färben und knusprig sind.

Nährwertangaben
105 kcal, 4 g Fett, 12 g Kohlenhydrate, 5 g Eiweiß, 3 g Ballaststoffe

Schoko-Kokos-Pudding

Zubereitungszeit: 10 Minuten

Schwierigkeitsgrad: leicht

Zutatenliste für 2 Portionen:
1590 g Seidentofu, 100 g Kokosmilch, 25 g Kakaopulver (entölt), 1 TL Instanz-Kaffeepulver, ¼ TL Vanille-Pulver, 2 TL Zucker

Zubereitung:
1. Tofu und Kokosmilch fein pürieren, dann Kakao, Kaffee, Vanille und Zucker zugeben und weiter pürieren.

2. Pudding im Kühlschrank für 30 Minuten erkalten lassen.

Nährwertangaben
120 kcal, 8 g Eiweiß, 5 g Fett, 10 g Kohlenhydrate

Nussschokolade

Zubereitungszeit: 10 Minuten

Schwierigkeitsgrad: einfach

Zutatenliste für 6 Portionen:
25 g gehackte Mandeln oder Haselnüsse, 15 g Erythrit, 40 g Kokosöl, 15 g Haselnussmus, Vanille-Pulver, Zimt, 1 Msp. Kakao

Zubereitung:
1. Nüsse in der Pfanne mit Erythrit karamellisieren.

2. Die restlichen Zutaten vermischen und die karamellisierten Nüsse unterheben. Die noch flüssige Schokolade in eine Form geben und für mindestens 12 Stunden in den Kühlschrank stellen.

Nährwertangaben
103 kcal, 11 g Fett, 3 g Kohlenhydrate, 2 g Eiweiß, 1 g Ballaststoffe

Himbeer-Smoothie mit Salat

Zubereitungszeit: 5 Minuten

Schwierigkeitsgrad: leicht

Zutatenliste für 1 Portion:
150 ml Wasser, 50 g Himbeeren, 5-6 Blätter Kopfsalat, 1 Pfirsich, 1 EL Leinöl

Zubereitung:
1. Obst grob zerkleinern.

2. Alle Zutaten fein pürieren.

Nährwertangaben
100 kcal, 2 g Eiweiß, 6 g Fett, 8 g Kohlenhydrate, 4 g Ballaststoffe

Spinat-Erdbeer-Smoothie

Zubereitungszeit: 5 Minuten

Schwierigkeitsgrad: leicht

Zutatenliste für 2 Portionen:
150 ml Wasser, 250 g Spinat, 5 Erdbeeren, 1 Birne, 1 EL Leinöl, 1 EL Weizenkeimöl

Zubereitung:
1. Obst grob zerkleinern. Den gefrorenen Spinat ebenfalls zerkleinern.

2. Alle Zutaten fein pürieren.

Nährwertangaben
130 kcal, 4 g Eiweiß, 7 g Fett, 11 g Kohlenhydrate, 5 g Ballaststoffe

Thunfisch-Muffins

Zubereitungszeit: 35 Minuten

Schwierigkeitsgrad: leicht

Zutatenliste für 12 Portionen:
2 Dosen Thunfisch, 100 g Gouda, 300 g Kürbis, 1 Paprika, 1 Zwiebel, 2 EL Dill, 4 Eier, 2 EL Frischkäse, Salz, Pfeffer, Paprikapulver

Zubereitung:
1. Backofen auf 200 Grad vorheizen und die Muffinformen mit Öl einfetten.

2. Kürbis, Paprika und Zwiebel so fein wie möglich hacken.

3. Alle Zutaten in einer Schüssel zu einem Teig verkneten, mit Gewürzen abschmecken und auf die Muffinformen aufteilen. Die Muffins etwa 30 Minuten backen.

Nährwertangaben
92,8 kcal, 10,1 g Eiweiß, 4,6 g Fett, 2,5 g Kohlenhydrate, 0,9 g Ballaststoffe

Haftungsausschluss

Die Umsetzung aller enthaltenen Informationen, Anleitungen und Strategien dieses Buches erfolgt auf eigenes Risiko. Für etwaige Schäden jeglicher Art kann der Autor aus keinem Rechtsgrund eine Haftung übernehmen. Für Schäden materieller oder ideeller Art, die durch die Nutzung oder Nichtnutzung der Informationen bzw. durch die Nutzung fehlerhafter und/oder unvollständiger Informationen verursacht wurden, sind Haftungsansprüche gegen den Autor grundsätzlich ausgeschlossen. Ausgeschlossen sind daher auch jegliche Rechts- und Schadenersatzansprüche. Dieses Werk wude mit größter Sorgfalt nach bestem Wissen und Gewissen erarbeitet und niedergeschrieben. Für die Aktualität, Vollständigkeit und Qualität der Informationen übernimmt der Autor jedoch keinerlei Gewähr. Auch können Druckfehler und Falschinformationen nicht vollständig ausgeschlossen werden. Für fehlerhafte Angaben vom Autor kann keine juristische Verantwortung sowie Haftung in irgendeiner Form übernommen werden.

Urheberrecht

1. Auflage

Kontakt: JT-Handels-UG/ Berumer Str. 44/ 26844 Jemgum